mit CD

3. Schuljahr

Rechenwelt bis 1000

Aufgaben und Spiele mit dem Dienes-Material

Hilde Heuninck
Illustrationen: Het Geel punt

schubi®
westermann®
PraxisBuch

CH-8207 Schaffhausen
service@schubi.com
www.schubi.com

2. Auflage 2018

ISBN 978-3-86723-000-1

No 245 72

MIX
Papier aus verantwortungsvollen Quellen
FSC® C009717
FSC
www.fsc.org

INHALT

Vorwort

Kinder sind ungefähr acht Jahre alt, wenn sich ihnen die Rechenwelt bis 1000 öffnet. Sie wissen bereits, was Zahlen sind, sie können schon addieren, subtrahieren, multiplizieren und dividieren. Aber jetzt werden die Zahlen größer und die Operationen treten kombiniert auf. Beim Schritt von 100 nach 1000 geht es nicht einfach um eine Null mehr, nicht einfach um mehr von demselben. Das Dienes-Material erweist sich auch hier als besonderes Hilfsmittel. Es macht die abstrakte Welt der Zahlen fühlbar und realistisch; Kinder können jede Rechensituation nachspielen und mit eigenen Augen das Ergebnis ihres Handelns betrachten.

Nicht nur die Zahlen werden größer, auch die Kinder sind buchstäblich und im übertragenen Sinn gewachsen. Die Leuchten und die Pechvögel sind bekannt. Für die schnellen Rechner gehen die beschriebenen Grundübungen häufig zu langsam vor. Sie wissen die Antwort schon, bevor die Würfel in ihrer Nähe sind. Und doch brauchen auch sie genügend Übung. Kennen ist kein Synonym für Können. Die Spiele verführen sie zum Wiederholen und damit zu einer Vertiefung der Kenntnis, zum Können. Für alle anderen sind die Grundübungen ein Mittel, den Prozess hinter der Formel sichtbar zu machen und ihnen beim Einschlagen des richtigen Weges zu helfen. Sie werden ebenfalls durch die spielerischen Übungssituationen motiviert. Und wir dürfen uns über das Vergnügen freuen, das sie beim Rechnen (in ihren Augen Spielen) erleben.

Das Wachsen hat jedoch noch eine andere Konsequenz. Kinder sind sich stärker ihres Könnens und vor allem ihres Nichtkönnens bewusst. Vor allem unsere Reaktion auf ihre Versuche zum Rechnen vorzudringen, macht den Unterschied aus. Als Erwachsene haben wir einen fast natürlichen Reflex uns auf die Fehler, die Kinder machen, zu fokussieren, denn gerade die Fehler müssen wir ja korrigieren, sie zwingen uns zum weiteren Vertiefen, zu zusätzlichen Erklärungen, zum Einüben. Für uns besteht die Gefahr, dass wir auf diese Weise die erhebliche Menge an Kenntnis übergehen, die Kinder in diesem Alter durchaus aufnehmen. Ich habe sehr bewusst häufig einen positiven bestätigenden Kommentar zu den

Zeichnungen gegeben: „Schön gemacht, sehr gut, gut gemacht ...". Indem man zunächst explizit angibt, was die Kinder bereits gut gemacht haben und ihnen danach zum richtigen Ergebnis verhilft, kommen sie in eine entspanntere Lernatmosphäre in einer Umgebung, in der sie lernen dürfen durch Experimentieren und in der die unvermeidlichen Fehler als Lernchancen verstanden werden.

Kinder stehen im 21. Jahrhundert vor einer nicht zu unterschätzenden Lernaufgabe. Um in unserer sich schnell entwickelnden, globalisierenden Wissensgesellschaft mithalten zu können, ist das Maß, in dem sie grundlegende Kulturfertigkeiten erwerben, von entscheidender Bedeutung. Trotzdem ist die Menge an Wissen und Fertigkeiten, die Kinder erwerben, nur die eine Seite der Medaille, das Vergnügen, das sie aus dem Lernen an sich schöpfen können, wird in einem noch viel größeren Maß ihre letztendlichen Entwicklungsmöglichkeiten bestimmen. Diese Freude am Lernen können wir fördern, indem wir die Bemühungen der Kinder erkennen und anerkennen und indem wir sie in einer angenehmen, ihrer Lebenswelt entsprechenden Art und Weise zum Üben motivieren.

Ich freue mich, dass ich die Möglichkeit bekommen habe, auch diesen dritten Teil der Praxisbuchreihe zu schreiben. Die Kinder, mit denen ich arbeite, haben die Spiele sehr kritisch analysiert. Es motivierte sie, dass aufgrund ihrer Anmerkungen und Hinweise so viele andere Kinder mit den gleichen Spielen arbeiten können. Ich wünsche all diesen Kindern und Ihnen dabei viele schöne gemeinsame Momente.

Hilde Heuninck

1. Grundzüge

Dienes-Material – ein wesentliches Hilfsmittel

Das Dienes-Material bildet ein ausgeklügeltes modulares System, bei dem die Einheiten als Grundlage für Zehner, Hunderter oder Tausender dienen. Dank seines speziellen Aufbaus können Kinder mit dem Dienes-Material Mengen bis 1000 physisch zusammenstellen und handhaben. Die Zehnerstruktur unseres Zahlensystems kommt ebenfalls gut zum Ausdruck. Das Material kann jedoch viel mehr. Die Kinder können die Mengen, die sie mit dem Material bilden, in einfacher Weise handhaben, sie können Würfelchen hinzufügen, wegnehmen, verteilen, mehrfach nehmen und zügig umtauschen, wenn dies erforderlich ist. All diese Verfahren auf dem Niveau des Materials helfen den Kindern, sich eine reale Vorstellung von Rechenaufgaben zu verschaffen und von dieser Vorstellung aus das Ergebnis einer Änderung von Mengen vorherzusagen. Wer dies kann, wer das Ergebnis einer Veränderung der Menge vorhersagen kann, der rechnet.

■ Praxisbuch kontra Schulbuchmethode

Im schulischen Kontext wenden Lehrpersonen eine ganz bestimmte Rechenmethode an. Methodenschreiber suchen stets die Ausgewogenheit zwischen einem logischen Aufbau der Rechenfertigkeit, den Möglichkeiten des durchschnittlichen Kindes und dem kulturell bestimmten Timing. Die Praxisbücher der Reihe „Rechenwelt" ersetzen keine Methode, sie sind jedoch eine wichtige Ergänzung sowohl für die schwachen Rechner als auch für ihre schnelleren Klassenkameraden. Wer sich das Rechnen nur mühsam aneignet, der wird großen Nutzen aus dem allmählichen Aufbau ziehen, der in den ausführlichen Grundübungen erläutert wird. Starke Rechner laufen oft Gefahr, sich selbst zu überholen und auf diese Weise zwar Wissen, jedoch keine Fertigkeiten zu entwickeln. Alle Kinder arbeiten jedoch gern spielerisch.

Lehrpersonen können dieses Praxisbuch wie ein „Rezeptbuch" anwenden. Für jedes Rechenthema finden Sie eine solide Grundübung, an die sich spielerisches Übungsmaterial und sinnvolle Rahmeninformationen anschließen. Die Themen sind logisch aufgebaut, aber Sie werden selten mit einem einzigen Kind alle Themen durchgehen.

Für den Nachhilfelehrer oder Rechentherapeuten ist dieses Buch Gold wert. Die reine Essenz des Rechnens im Zahlenraum bis 1000 wird schrittweise nahegebracht. Auch in der Einzelarbeit oder in kleinen Gruppen können das Material und die Spiele eingesetzt werden.

Dreistufenplan

Damit ein Kind die Möglichkeit erhält, Einblick in einen Rechenaspekt zu bekommen, muss es drei Phasen durchlaufen.

In der Einblickphase stellen wir immer aufs Neue die Verbindung zwischen der Rechenaufgabe, der Handlung und der Versprachlichung her. Das Handeln erfolgt zu Beginn stets mit dem Dienes-Material, es wird jedoch rasch durch Gesten ersetzt. Die Grundübungen vermitteln jeweils, wie Sie konkret vorgehen können.
Um einen gewonnenen Einblick zu festigen, muss geübt werden – es folgt die Übungsphase. Dies geht nicht ohne Wiederholen. In dieser Phase stellen Spiele einen wichtigen Mehrwert dar, das hängt vor allem mit der motivierenden Qualität der Spiele zusammen.

Die Übungsphase geht allmählich in eine Automatisierungsphase über. Das Kind eignet sich den Lehrstoff der Methode an.

Einblickphase

Jede Rechenaufgabe erzählt eine Geschichte über veränderbare Mengen und die Antwort auf die Rechenaufgabe ist jeweils das Ergebnis dieser Veränderung. Ich hatte schon mit Kindern zu tun, die dieses Prinzip sehr schnell begriffen hatten und für welche die Grundübungen sogar kontraproduktiv und zu stark verzögernd waren. Für die meisten Kinder jedoch – auch für diejenigen, die nahezu fehlerfrei ein Blatt voller Rechnungen lösen können – bieten die Grundübungen häufig ein „Aha-Erlebnis". Meistens genügt es, die Verknüpfung mit der Wirklichkeit einige Male zu wiederholen, die Kinder selbst nach Varianten suchen zu lassen; das Material wird dann allmählich im wörtlichen und im übertragenen Sinn beiseite geschoben. Die Kinder können sich die Handlungen vorstellen und das reicht aus, um darauf ihre Vorhersagen zu gründen.

Um zu vermeiden, dass Kinder dadurch, dass sie stets aufs Neue mit dem Material handeln, im zählenden Rechnen stecken bleiben, widmen wir der Versprachlichung für die Verknüpfung von Rechenaufgabe und Handlung große Aufmerksamkeit. Es geht nicht darum, dass die Kinder die Formulierungen wörtlich wiederholen. Sie können durchaus akzeptieren, dass die Kinder die Verknüpfung mit ihren eigenen Worten beschreiben. Sie überwachen natürlich die Korrektheit ihrer Beschreibungen.

Das Hervorrufen des Einblicks ist immer wieder ein konzentriertes Geschehen, bei dem für Spielen kein Platz ist. Die Lehrperson nennt ein Beispiel und zeigt, welche Wirklichkeit sich hinter der Rechenaufgabe verbirgt. Die Kinder schauen zu und folgen den Ausführungen. Diese Arbeitsweise steht im Gegensatz zu der Auffassung, dass es besser ist, wenn die Zusammenhänge vom Kind selbst entdeckt werden und dass Kinder auf eine flexiblere Art und Weise denken lernen, wenn sie ermutigt werden, selbst auf Entdeckung zu gehen. Diese Auffassung ist völlig korrekt. Selbst entdeckendes Lernen ist eine besonders starke Pädagogik ... unter der Voraussetzung, dass das Kind seine Sherlock-Holmes-Aufgabe löst oder zumindest regelmäßig löst. Die Grundübungen dieses Praxisbuches sind für Kinder geschrieben, die entweder die Zusammenhänge nicht selbst finden oder eine unbrauchbare Strategie entwickeln. Lehrpersonen, Rechentherapeuten und Betreuern wird mit diesem Buch ein Instrument zur Verfügung gestellt, um – unabhängig von den klassischen Rechenmethoden – korrigierend zu arbeiten.

Übungsphase

Kinder, die mit der Rechenwelt bis 1000 arbeiten, sind eindeutig keine Kindergartenkinder mehr. Die Erwachsenen sind immer noch besonders wichtige Personen in ihrem Leben und können immer noch „Aufgaben" erteilen, der „selbstverständliche Gehorsam" ist jedoch durchaus nicht mehr selbstverständlich. Vor allem Kinder, die beim Rechnen schon strauchelten, gehen nicht mit Freude ans Üben. Ihnen sind die Aufgaben zu schwierig, zu eintönig, zu konfrontierend. Mit anderen Worten: Die Kinder sind nicht mehr intrinsisch motiviert, das zu tun, was der Erwachsene ihnen aufträgt.

Die Motivationsgeschichte ist eine komplexe Sache. Jeder Pädagoge weiß, dass intrinsische Motivation Gold wert ist. Wer mit diesem Schwung mit dem Üben beginnt, erzielt ein Ergebnis unabhängig davon, ob die Lehrperson vor ihm steht. Auch derjenige, der für sich selbst entscheidet ein bestimmtes Ziel zu erreichen, muss gegen weniger Langeweile und Abneigung kämpfen. Für alle anderen ist es ein ziemlich aussichtsloses Unterfangen. Lehrpersonen und Eltern versuchen mit Lob und Belohnung oder mit Strafandrohungen die Kinder doch noch auf Trab zu bringen. Eine neuere Untersuchung (Steenkiste, 2009) hat ergeben, dass auf diese Weise erzeugte Motivation sogar einen negativen Effekt auf das Übungsergebnis hat. Die Angst vor einer Strafe und die Angespanntheit wegen des eventuellen Entgehens einer Belohnung erweisen sich für das Kind als dermaßen stressig, dass es in einer entspannten Atmosphäre keinen Nutzen mehr aus Übungsstunden ziehen kann. Schwierig, schwierig, es sei denn ...

Kinder sind – fast immer – intrinsisch zum Spielen motiviert. In einem Spiel hat das Kind die Möglichkeit, so zu tun als ob. Ein Spiel ist wie echt, aber dadurch gerade auch nicht echt. Wenn bei einem Spiel etwas misslingt, können Kinder es einfach noch einmal machen. Fehler zählen nicht, es war doch nur ein Spiel. Die soziale Interaktion eines Spiels bewirkt, dass Kinder fast spontan mit den anderen mitdenken. Wenn es uns gelingt, die Rechenthemen, die wir gerne wiederholt haben möchten, in einer durchdachten Spielform anzubieten, umgehen wir die negative Motivationsspirale der Langeweile und der Versagensangst. Kinder fangen fast unbewusst an zu wiederholen.

Rechenspiele sind für alle Kinder unabhängig von ihrem Alter sinnvoll, sofern sie an das tatsächliche Niveau der Kinder angepasst sind. Sie finden in diesem Buch für jedes besprochene Rechenthema genügend Spielmaterial.

Automatisierungsphase

Sie werden feststellen, dass die Kinder zu Beginn eines Spiels auf das Material oder auf die ausführliche Versprachlichung zurückgreifen, sich jedoch meistens dieser Hilfsmittel spontan entledigen können. Dies ist ein deutlicher Parameter für die Ebene der Automatisierung. Sobald die Kinder die Aufgabe schnell und ohne Unterstützung durchführen können, haben Sie die Fertigkeit erworben und sind bereit, ihre Fertigkeit zu zeigen und bewusst einzusetzen für das Erlangen eines höheren Rechenniveaus.

Manche Kinder vollziehen den Übergang von der Spielsituation zu formalen Übungen nicht spontan. Sie gehen im Spiel so auf, dass sie sich ihres Rechnens nicht bewusst sind. Eine einfache Hilfestellung ist, wenn Sie ihnen nach jedem Spiel erzählen, was für eine gute Leistung sie gerade erbracht haben. Sie geben ihnen anschließend einige formale Aufgaben desselben Typs wie beim Spiel und lassen sie von ihnen lösen.

Teil einer Reihe

2009 erschien das Praxisbuch „Rechenwelt bis 20" und 2010 das Buch „Rechenwelt bis 100". Das vorliegende Buch ist eine Fortsetzung dieser Reihe. Die drei Bücher haben formal den gleichen Aufbau. Die Rechenthemen werden jeweils in logischem Aufbau besprochen, können jedoch unabhängig voneinander eingesetzt werden. Das Prinzip der Grundübungen, der Rahmeninformationen und der spielerischen Einübungsmöglichkeiten wird immer wieder angewendet. Trotzdem werden Sie in diesem Buch einen wesentlichen inhaltlichen Unterschied feststellen.

Das Dienes-Material eignet sich für eine strukturierte, jedoch stark auf das Material ausgerichtete Vorgehensweise. Dies entspricht voll der Rechenumgebung, die in den beiden vorhergehenden Bänden besprochen wird. Die Rechenwelt bis 1000 setzt einen etwas anderen Akzent. Sie werden feststellen, dass jede Grundübung immer noch vom Dienes-Material und von der genauen und materiellen Verknüpfung ausgeht, sich davon jedoch häufig schnell wieder löst. Es ist gut, dass wir die Kinder – auch die schwächeren Rechner – anregen, sich das Material vorzustellen und – aufbauend auf ihren Vorkenntnissen – zu neuen Erkenntnissen zu gelangen. Auf diese Weise bereiten wir sie darauf vor, über Rechnen nachzudenken und Metakognition zu entwickeln. Im Rahmen dieses Praxisbuches wird dies noch nicht zur Sprache gebracht, die ersten Schritte werden jedoch unternommen, wenn wir die Kinder zum Beispiel auffordern, sich skizzenhaft das Material beim fortgeschrittenen Multiplizieren vorzustellen.

2. Zahlensystem

2. Zahlensystem

Einführung

Zählen ist eine menschliche Fertigkeit. Wir wissen von einigen Tierarten, dass sie begrenzte Mengen wahrnehmen können und sogar ihr Verhalten darauf abstimmen. Aber schon seit den frühesten Kulturen können Menschen auf einem viel weiter entwickelten Niveau mit Zahlen umgehen. Dass wir dies können, hängt vor allem mit Sprache zusammen. Menschen sind nicht nur in der Lage Mengen wahrzunehmen, sondern sie auch zu benennen, anzuwenden und in einer Symbolsprache wiederzugeben.

→ *Eine Untersuchung von McComb, Parker und Posey hat gezeigt, dass Löwen „zählen" können. Wenn eine Gruppe Löwinnen das Gebrüll mehrerer unbekannter Löwen hört, geht die Gruppe nur auf Erkundung, wenn ihre Gesellschaft zahlreicher ist als die der Herren.*

■ Mengen gruppieren

Aber die Anzahl von Wörtern und Symbolen, die wir für das Benennen von Mengen einsetzen können, ist begrenzt. Um dies zu umgehen, entwickelte nahezu jede Kultur ein Zahlensystem.

Im Kern dreht sich jedes Zahlensystem um das Gruppieren von Mengen. Jede neue Gruppe ist zugleich eine neue Menge wie die vereinbarte Anzahl loser Elemente, aus denen sie zusammengesetzt ist. Ein Beispiel: Im komplexen 60-teiligen System gilt die Menge 60 als neue Einheit. Wir finden dieses Zahlensystem noch in unserer Zeiteinteilung. 60 Sekunden werden zu einer Minute gruppiert, 60 Minuten zu einer Stunde. Wer mit diesem Zahlensystem vertraut ist, begreift die Gleichwertigkeit von 3 Stunden mit 180 Minuten und 10 800 Sekunden.

→ *Gruppieren ist auf verschiedene Art und Weise möglich. In Frankreich wurde zwischen dem 11. und 17. Jahrhundert ein zwanzigteiliges System angewendet, das heute noch in der Zahl „quatre-vingt" erkennbar ist. Die Germanen hatten vermutlich ein zwölfteiliges System; aus diesem Grund verweisen die Bezeichnungen für 11 und 12 nicht auf die Zehner-Gruppierung.*

■ Notationssysteme

Die verschiedenen Zahlensysteme gliedern sich beim Notieren in zwei große Gruppen. Manche Systeme (wie zum Beispiel das römische Zahlensystem) basieren auf einem summativen Aufbau. Die verschiedenen Gruppen werden einfach nebeneinandergestellt und zusammengezählt. CCXXXVII bedeutet 100 + 100 + 10 + 10 + 10 + 5 + 1 + 1. Ich übergehe hier die komplexe Abzugsregel (IV ist eins weniger als V). Andere Systeme wenden das Positionssystem an.
Die Stelle der Ziffer innerhalb der Zahl bestimmt die Größe der Gruppe, auf die sie verweist.
Aus Jerusalem brachten die Kreuzfahrer ein neues Zahlensystem nach Europa, das allmählich das römische Rechnen und das Rechnen mit dem Abakus verdrängte. Die hindu-arabischen Wurzeln unserer Notation stellen wir immer noch bei der Ordnung der Einheiten fest.

Wir setzen die kleinste natürliche Einheit nach rechts und arbeiten uns von dort aus immer weiter nach links vor. Viele Jahre später sollte der Brügger Simon Stevin das System zum (von links nach rechts geordneten) Zehnersystem erweitern.

➜ *1999 promovierte Marjolein Kool mit der Dissertation „Die Kunst der Zahl" (Die conste vanden getale). Im ersten Kapitel beschreibt sie ausführlich die Entwicklung der Rechenbücher in den Niederlanden während des Mittelalters (Kool, 2007).*

■ Zählfertigkeit bedeutet noch keine Einsicht in das Zahlensystem

Im Alter von ungefähr sieben Jahren zeigen Kinder gern ihre Zählfertigkeit. Ohne große Schwierigkeit zählen sie bis 100 und weit darüber hinaus. Wer jedoch eine Weile mit ihnen arbeitet, weiß, dass Zählenkönnen keine Garantie für Einsicht in das Zahlensystem ist. Wir durchschauen das Gruppieren nicht deswegen, weil wir die Zahlwörter kennen. Auch das Lesen von Zahlen kann perfekt stattfinden, ohne dass wir uns über den Wert jeder Ziffer innerhalb der Zahl Gedanken machen.

➜ *Wenn man Achtjährige die Zahl 167 lesen lässt, klappt es meistens gut. Wenn man sie dann auffordert, sich diese Zahl gut anzuschauen und die Ziffer anzugeben, die ihrer Meinung nach – in dieser Zahl – den größten Wert hat, entscheiden sich die meisten immer noch für die 7.*

Im nächsten Kapitel zeige ich, wie wir die Einsicht der Kinder in unser Zahlensystem stärken können.

Die Zehnerstruktur entdecken

Das Dienes-Material ist Gold wert. Es hilft den Kindern, die Zehnerstruktur stets aufs Neue zu erleben und zu durchleben. Wir können das Material so anordnen, dass es genau mit der Notation übereinstimmt, und wenn wir für die richtige Versprachlichung sorgen, stehen uns alle Instrumente zur Verfügung, um zu einer gut fundierten Einsicht zu gelangen.

■ Schritt 1: Schreibe einmal alle Ziffern auf, die du kennst

Wenn Sie diesen Auftrag einer Gruppe von Kindern geben, wird die Reaktion vermutlich sein „... alle???". Kinder kennen nur selten den Unterschied zwischen einer Ziffer und einer Zahl und dies ist sofort ein guter Anknüpfungspunkt, um die Zehnerstruktur zu besprechen. Sie können dies folgendermaßen tun:

Grundübung

Den Unterschied zwischen einer Ziffer und einer Zahl entdecken

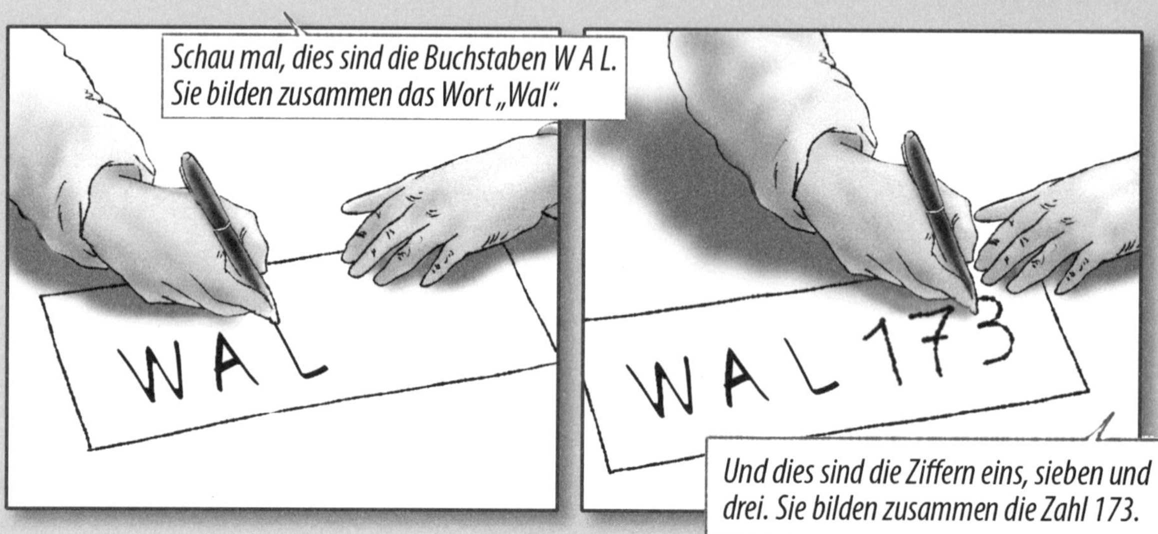

Sie schließen daran die folgende Geschichte an: Ein Buchstabe allein ist noch kein Wort, doch eine Ziffer ist immer auch eine Zahl. Was meinen wir damit? Wenn ich an die Zahl „Drei" denke, denke ich an drei Könige, drei Finger, drei Stühle, drei ...

Wenn ich an die Ziffer „Drei" denke, denke ich an zwei Halbkreise, die übereinanderstehen, an eine kleine Zeichnung, die „Drei" heißt. Eine Ziffer ist also auch eine Zeichnung, die Zahl ist eine Menge."

Schreibe jetzt einmal alle Ziffern (Zeichnungen) auf, die du kennst.

→ *Die meisten Kinder werden jetzt ziemlich schnell die 10 Ziffern notieren. Viele Kinder beginnen mit 1 und arbeiten weiter bis 10.*
Darauf müssen Sie wieder reagieren, denn die 1 ist bereits geschrieben worden, die 0 ist die neue Ziffer.

Schritt 2: Die Auswirkung der Zehnerstruktur anhand des Materials entdecken

Kinder gehen leicht über die Auswirkung des „Zehnmal-größer-Machens" hinweg. Um diese Einsicht gut verankern zu können, müssen wir etwas über die Zahl „1000" hinausgehen.

Grundübung

Erfahren der Zehnerstruktur

Fordern Sie die Kinder auf, stets die Anzahl zu nennen, die Sie zeigen. Sie beginnen mit einem leeren Tisch. Die Kinder werden mit „0" reagieren. Anschließend legen Sie einen Dienes-Einer auf den Tisch und hoffen, die Zahl „1" zu hören. Danach fahren Sie in einem gleichmäßigen Rhythmus fort bis 9. Viele Kinder zählen spontan weiter bis 10. Sie hören jedoch auf, denn ... die Ziffern sind verbraucht, wir haben sie alle verwendet.

Natürlich können wir weiterzählen, da wir jedoch nur zehn Ziffern haben, treffen wir die Vereinbarung, dass wir jedes Mal, wenn wir „zehn" haben, diese Zehn zusammenfassen. Sie legen jetzt das zehnte Würfelchen zu den anderen und tauschen dieses mit Nachdruck gegen einen Zehnerstab aus.

Anschließend fragen Sie die Kinder: „Was ist die nächste Zahl?"

Sie können zwei Antworten bekommen, 20 oder 11. Sie zeigen, dass 11 die richtige Zahl ist, indem Sie ein Würfelchen dazulegen.

Achten Sie darauf, dass Sie die Einer an der Stelle anlegen, an der sie vom Kind aus gesehen auch geschrieben werden müssten. Sie arbeiten weiter bis 19 und beim Legen des 20. Würfelchens führen Sie wieder den Austausch durch. Arbeiten Sie in dieser Weise weiter, bis Sie bei 99 sind.

Der Sprung von 99 nach 100 kann folgendermaßen erfolgen:

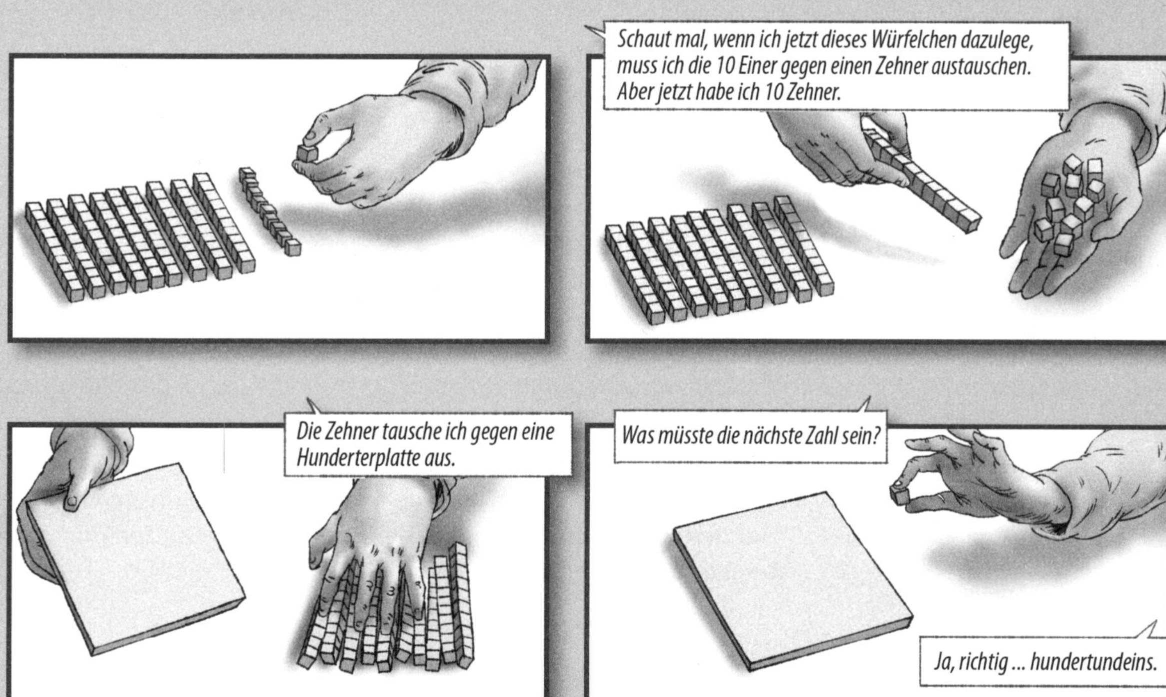

Anschließend arbeiten Sie – nun jedoch schneller als vorhin – weiter bis 200 und danach bis 300. Nach und nach können Sie das Zählen in Einerschritten durch Gesten ersetzen, mit denen Sie die Einer und die Zehner angeben. Sie arbeiten auf jeden Fall weiter, bis Sie bei 999 sind. Jetzt können Sie folgendermaßen fortfahren:

Fordern Sie die Kinder auf, zusammen weiterzuzählen, bis der nächste Tausender voll ist. Vermutlich hören Sie hier schon viel Stöhnen und Ächzen, und das ist gut. Dies ist der Beweis, dass die Kinder anfangen, ein Gefühl für Mengen zu entwickeln.

Der Protest, den Sie hören, ist der deutlichste Beweis dafür, dass die Kinder begriffen haben, dass der Sprung von einem Einer zu einem Zehner ein Kinderspiel ist im Vergleich zum Sprung von einem Hunderter zu einem Tausender. Sie wiederholen die Grundübung am besten so lange, bis die Kinder protestieren.

■ Schritt 3: Arbeitsrichtung

Die Ziffern und das komplette dazugehörende Zehner-Zahlensystem ist ein Erbe der Araber, das seinerseits auf indische Wurzeln zurückgeht. In der arabischen Kultur liegt der Beginn einer Reihe rechts und jedes neue Element wird links hinzugefügt. Dies kollidiert natürlich mit unserer kulturell bedingten Arbeitsrichtung. Die Kinder haben dies in der Rechenwelt bis 100 bereits erfahren. Das Hinzufügen der Hunderter ist nur selten eine neue Quelle von Schwierigkeiten.

→ *Ich habe mehr als einmal festgestellt, dass Kinder, die in der Rechenwelt bis 100 hartnäckig Zahlverdrehungen ausgeführt haben, erstaunlich leicht die Schreibweise der Zahlen bis 1000 übernehmen. Dies kommt so oft vor, dass ich die größeren Zahlen gelegentlich als Heilmittel bei älteren Kindern einsetze.*

Grundübung

Erkunden der Arbeitsrichtung

An dieser Stelle können Sie am besten folgendes Lehrgespräch einfügen:

Habt ihr gemerkt, dass ich gerade, als wir die Zahlen bis 1000 aufgebaut haben, immer genau darauf geachtet habe, an welche Stelle ich die ich die Einer, Zehner und Hunderter gelegt habe? Wisst ihr auch, warum ich das getan habe?

Sie helfen natürlich, wo dies erforderlich ist, indem Sie sich auf die arabische Arbeitsrichtung beziehen.

Zahlenwert der Ziffern innerhalb einer Zahl bis 1000

■ Umsetzung mit dem Material

Die Kinder verfügen jetzt dank der Einblicke aus den vorhergehenden Übungen über genügend Rüstzeug, um den Wert einer Ziffer innerhalb der Zahlen ableiten zu können. Bei diesem Schritt kommt es deshalb auch mehr auf das Einüben als auf das Stimulieren an.

Spiel: „Zahlen raten"

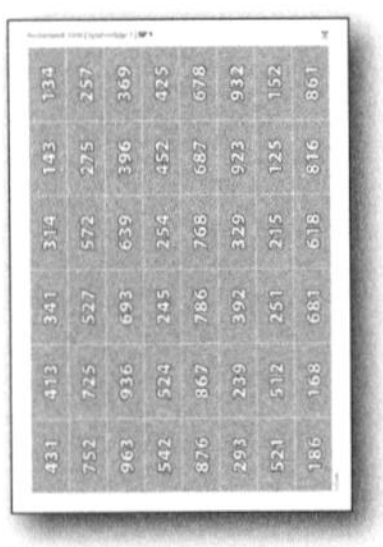

Material
- Spielmaterial SP 1: Zahlenkarten
- 10 Einer, 10 Zehner und 10 Hunderter je Kind
- 1 kleiner Sichtschutz für jedes Kind
- Stift und Papier für jedes Kind

Anzahl Spieler 2-4

Vorbereitung Drucken Sie für jede Kindergruppe die Zahlenkarten aus und schneiden Sie sie aus. Legen Sie die Karten mit der Rückseite nach oben in die Mitte des Spielfeldes.

Spielablauf Ein Kind zieht eine der Zahlenkarten und legt diese hinter seinen Sichtschutz. Dann nimmt das Kind das zu dieser Zahl gehörende Dienes-Material. Alle anderen Kinder schreiben die Zahl auf, die zu dem gezeigten Material gehört. Das im Uhrzeigersinn am nächsten sitzende Kind, das die richtige Zahl aufgeschrieben hat, darf eine neue Karte ziehen.

Spiel: „Pokern"

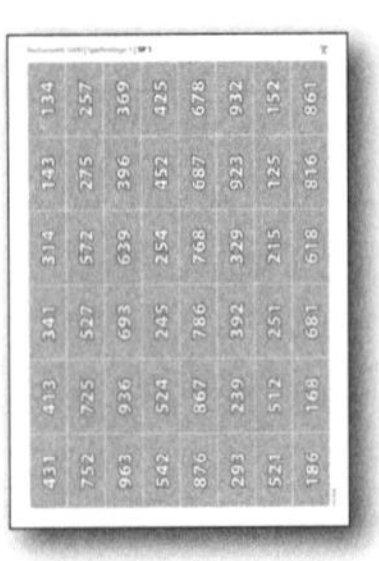

Material
- Spielmaterial SP 1: Zahlenkarten
- 10 Einer, 10 Zehner und 10 Hunderter je Kind
- 1 Sichtschutz für jedes Kind

Anzahl Spieler 2-4

Vorbereitung Drucken Sie für jede Kindergruppe die Zahlenkarten aus und legen Sie diese mit der Rückseite nach oben in die Mitte des Spielfeldes.

Spielablauf Alle Kinder ziehen gleichzeitig eine Zahlenkarte. Reihum darf jeweils ein Kind pro Runde „bluffen". Es bestimmt, von welcher Einheit (Einer, Zehner oder Hunderter) das Material genommen wird. Für die Zahl 481 müssen zum Beispiel 8 Zehner genommen werden. Alle Kinder müssen jetzt das Material für diese Einheit gemäß ihrer Zahlenkarte nehmen. Wer am meisten Material vor sich hinlegen darf, erhält alle Karten, die in dieser Spielrunde im Spiel sind.

Wer gewinnt Wer am Ende die meisten Karten hat, gewinnt das Spiel.

Verknüpfung mit den Buchstabensymbolen der Stellentafel

Der Schritt zum Anwenden der Buchstabensymbole für die Stellenwerte lässt sich meistens rasch vollziehen.

Grundübung

Verknüpfung mit den Buchstabensymbolen der Stellentafel

Arbeitsblatt 1

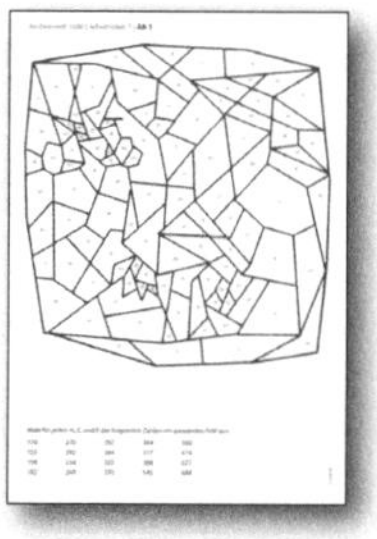

Material
· Arbeitsblatt AB 1, für jedes Kind kopiert
· ein Farbstift für jedes Kind

Anweisung Du siehst, dass hier unten Zahlen stehen. In der Zeichnung stehen diese Zahlen auch, jetzt jedoch geschrieben als E, Z und H. Du findest zum Beispiel die Zahl 567 als 5 H, 6 Z und 7 E. Die passenden Felder darfst du ausmalen. Pass gut auf, denn die Felder stehen nicht unbedingt nebeneinander.
Wenn du es gut machst, erscheint eine Bild.

Das Zehnerverhältnis der Einheiten erfassen

Wir haben die Kinder im vorigen Teil bereits von den materiellen Handlungen aus Bekanntschaft mit den Auswirkungen des Zehnerverhältnisses machen lassen. Die Kinder fanden den Schritt vom Einer zum Zehner viel kleiner als den Schritt vom Hunderter zum Tausender. In diesem Abschnitt versuchen wir, diese Erkenntnis weiter zu vertiefen.

Grundübung

Das Zehnerverhältnis der Einheiten erfassen

Sie beginnen ein Lehrgespräch mit den Kindern. Dabei lassen Sie die Kinder am besten in kleinen Gruppen überlegen. Wichtig ist, dass Sie alle Antworten besprechen. Sie beginnen mit folgender Ausgangsposition.

Wenn ein Kind antwortet „9 dazutun", ist es gut, darauf einzugehen und sich zu merken, welches Kind diese Bemerkung gemacht hat. Sie zeigen mit Hilfe des Dienes-Materials, dass dies richtig ist, und beschriften den Pfeil mit „+ 9".

Wenn ein Kind antwortet „10 Mal nehmen", gehen Sie darauf ebenfalls ein. Sie zeigen mit Hilfe des Dienes-Materials, dass dies richtig ist, und beschriften den Pfeil mit „• 10".

Bei allen anderen Antworten beweisen Sie mit Hilfe des Dienes-Materials, dass sie falsch sind, indem Sie die Vorschläge ausführen.

Anschließend führen Sie den Übergang zur nächsten Einheit durch. Sie können dies folgendermaßen machen:

Am besten lassen Sie als Erstes das Kind antworten, das vorhin „+ 9" sagte.

Wenn dieses Kind vorschlägt, 9 dazuzutun, zeigen Sie mit Hilfe von 9 Einern, dass dies keine brauchbare Lösung ist.

Wenn dieses Kind vorschlägt 99 dazuzutun, zeigen Sie mit Hilfe von 9 Zehnern und 9 Einern, dass dies keine brauchbare Lösung ist.

Sobald ein Kind richtig „+ 90" vorschlägt, schreiben Sie diese Antwort an den Pfeil.

Anschließend fragen Sie das Kind, das vorhin „10 Mal nehmen" sagte, nach seinem Vorschlag. Auch hier verdeutlichen Sie eine allfällige falsche Antwort anhand des Materials und schreiben das richtige „• 10" an den Pfeil.

Sie wiederholen dieses Verfahren für den Übergang vom Hunderter zum Tausender.

Anschließend machen Sie die Kinder darauf aufmerksam, dass sie gut sehen können, dass der Schritt zwischen jeder Einheit immer größer wird (anhand der Zeile + 9, + 90, + 900), dass es aber auch lustig ist, dass man es beim Multiplizieren immer mit derselben Zahl zu tun hat.

Drehen Sie jetzt das Verhältnis um. Was müssen wir tun, um aus dem Tausender einen Hunderter zu machen und aus einem Hunderter einen Zehner? Notieren Sie jetzt nur noch das Teilen.

Am Ende sehen die Kinder dieses Schema:

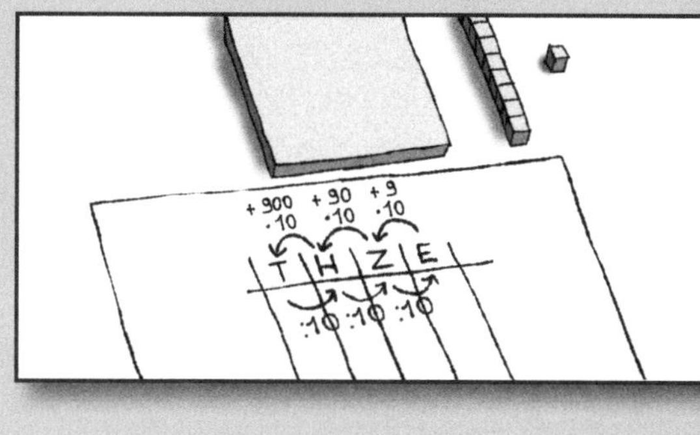

Diese Grundübung kommt später beim Multiplizieren und Dividieren mit dem Faktor 10 noch einmal in einer Kurzversion zur Sprache. Auf diesem Niveau des Rechenunterrichts gehen wir nicht tiefer auf diese Erkenntnis ein. Das richtige Einüben ist jetzt noch nicht vorgesehen.

■ Nullenspiel

Als die Araber die indische Namensgebung und Notation für das Fehlen einer Menge kennenlernten, beschleunigte sich die Entwicklung des gesamten Zehnersystems. Da „Nichts" jetzt eine Ziffer bekam, konnte ein System entwickelt werden, durch das fortlaufend die nächste Zahl – auch wenn sie nicht bekannt ist – aufgeschrieben werden kann. Dies war zugleich auch der wichtigste Unterschied zum römischen Zahlennotationssystem.

■ *Die Null explizit kennenlernen*

Die „0" selbst steht nicht für eine Masse, nimmt jedoch wohl einen Platz ein. Dies erklärt sofort, warum diese Ziffer die Kinder so verwirrt.
Null ist nichts, spielt aber vielleicht die wichtigste Rolle im gesamten Zahlensystem. Die Kinder haben bereits in der Rechenwelt bis 100 die Ziffer „0" mehrmals benutzt und mit der Menge „Nichts" verknüpft, trotzdem geraten erstaunlich viele Kinder ins Straucheln, wenn sie Zahlen mit einer Null zusammenzählen oder abziehen müssen.
In der ersten Grundübung zeige ich, wie man Kinder explizit mit der Funktion der Null vertraut machen kann. Ich benutze dazu Klappkartenzahlen. Dieses Material ist ein ausgezeichneter Zwischenschritt, um von der Benutzung des Dienes-Materials langfristig auf die Tabellenstruktur mit der Angabe der Hunderter, Zehner und Einer umzusteigen.

➜ *Klappkartenzahlen helfen dem Kind, den Wert der Ziffer innerhalb der Zahl voll zu erfassen. Es gibt viele ähnliche Systeme. Ich bevorzuge diese Form, weil die Namen der Einheiten zunächst nicht sichtbar sind. Nur wenn die Klappkartenzahlen hinuntergedrückt werden, sehen die Kinder den Verweis auf die Namen der Einheiten.*

Grundübung

Klappkartenzahlen mit Angabe der Einheiten

Stellen Sie die Klappkartenzahlen (Spielvorlage SP2) vor dem Kind auf wie in der Zeichnung angegeben. Schreiben Sie eine Zahl für das Kind auf, in unserem Beispiel ist es 457, und stellen Sie ihm folgende Fragen:

Kannst du diese Zahl lesen? Gib sie mit dem Dienes-Material an.

Weißt du, wie viel die 4 wert ist? Und die 5 und die 7?

Jetzt musst du in diesen Karten die 400, die 50 und die 7 suchen und aufeinanderlegen.

Sie können dies noch deutlicher machen, indem Sie das Dienes-Material oberhalb der Klappkartenzahlen hinlegen. Sie zeigen dem Kind, dass es sehen kann, dass es die richtigen Karten gewählt hat, indem Sie die Klappkarten hinunterdrücken und dem Kind die Übereinstimmung mit dem Material und dem Buchstabensymbol zeigen.

Anschließend sagen Sie zum Kind:

Stell dir vor, dass du eine dieser drei Karten nehmen darfst. Die Zahl, die darauf steht, erhältst du in Schokolinsen.

Erstaunlich viele Kinder werden sich trotz der Vorbereitung mit Sicherheit die 7 nehmen. Sie können dann neckend zeigen, dass Sie sich für die 4 entscheiden. Wenn Sie die Karte unter dem Stapel hervorziehen, zeigen Sie, dass diese 4 eigentlich eine 400 ist.

→ *Ich falle jeden Monat mindestens einige Male auf flotte Sprüche von Kindern herein, bei denen sich im Nachhinein herausstellt, dass sie nicht auf tatsächlicher Erkenntnis beruhen. Dass bei dieser Grundübung so viele Kinder die 7 nehmen, zeigt, wie schwierig die Einsicht ist, die wir ihnen vermitteln wollen. Erst dann, wenn ein Kind ganz selbstverständlich die 4 nimmt, begreift es wirklich, dass die Hunderterzahlen tatsächlich mehr sind als die Einer.*

Nehmen Sie danach noch einmal dieselbe Grundübung, nun jedoch mit einer Zahl ohne Zehner; in unserem Beispiel arbeiten wir mit 506.

Kannst du diese Zahl lesen? Gib sie mit dem Dienes-Material an.

Nimm die 5 mit den Klappkartenzahlen (das Kind muss hier natürlich 500 nehmen, andernfalls verweisen Sie auf den Wert der Ziffer innerhalb der Zahl); nimm jetzt die 6.

Stapel sie ...

Siehst du hier diese 0 stehen? Das bedeutet, dass kein einziger Zehner eine Rolle spielt. Schau mal, das siehst du auch am Dienes-Material. Du musst keinen Zehner nehmen, wenn du 506 nehmen willst.

Zahlen ordnen

Einleitung

Dieses Praxisbuch ist der dritte Band der Reihe „Rechenwelt". Da das Lernen, Zahlen zu ordnen, in jedem Band in derselben Art und Weise verläuft, werden Leserinnen und Leser, die mit dem vorhergehenden Band gearbeitet haben, folglich auch die verschiedenen Schritte wiedererkennen. Natürlich bewegt sich das Ordnen von Zahlen in diesem Praxisbuch in der Rechenwelt bis 1000.

Wir besprechen nacheinander

- den materiellen Vergleich von zwei Zahlen
- den Vergleich von zwei Zahlen ohne materiellen Zwischenschritt
- das Einfügen einer dritten Zahl
- das Ordnen einer Reihe von fünf Zahlen
- das Ordnen einer großen Gruppe

Der materielle Vergleich von zwei Zahlen

Es ist kein überflüssiger Luxus, diese Phase einzufügen. Die Erkenntnis, dass 315 kleiner als 351 ist und 531 größer als 513, erscheint Kindern anfangs als eine willkürliche Tatsache. Das Dienes-Material ist in dieser Phase eine große Hilfe.

Grundübung

Materieller Vergleich von zwei Zahlen

Lassen Sie die Kinder in Gruppen zusammen arbeiten. Sie teilen an jede Gruppe zwei geschriebene Zahlen im Zahlenraum bis 1000 aus und sorgen dafür, dass die beiden Zahlen für jede Gruppe aus denselben Ziffernkombinationen bestehen. Sie können dafür Zahlenpaare der Spielvorlage SP 1 verwenden.

Die Kinder nehmen für beide Zahlen das dazugehörende Dienes-Material und ordnen es entsprechend der geschriebenen Zahl.

Achten Sie darauf, dass die Kinder sowohl die geschriebenen Zahlen als auch das Material vom korrekten Standpunkt aus sehen. Deswegen sitzen die Kinder am besten nebeneinander. Die Kinder überlegen gemeinsam, welche Zahl die größere ist.

Sie kontrollieren selbstverständlich die Entscheidung der Kinder. Fordern Sie die Kinder auf zu erörtern, wie sie beim Material sehen können, welches mehr ist und ... wie sie dies dann auch bei der geschriebenen Zahl sehen können.

Wenn Sie merken, dass Kinder damit Schwierigkeiten haben, können Sie diese Kinder das Spiel „Die höhere Zahl", das im nächsten Punkt beschrieben wird, mit dem Dienes-Material spielen lassen. Kinder, die diese Grundübung rasch durchlaufen, spielen das Spiel „Die höhere Zahl" nur dann mit dem Material zur Kontrolle, wenn dies notwendig ist.

Zwei Zahlen vergleichen mit Kontrolle anhand des Dienes-Materials

Sie greifen die vorige Grundübung wieder auf, fordern nun jedoch dazu auf, die größere Zahl zuerst anzugeben und erst danach anhand des Materials zu kontrollieren. Wenn Sie merken, dass manche Kinder damit Schwierigkeiten haben, erlauben Sie ihnen, vom Material ausgehend die Kontrolle durchzuführen.

➜ *Manche Kinder scheinen sich aufgrund der geschriebenen Zahl das Material nicht vorstellen zu können. Manchmal reicht es, sie die Visualisierungsfertigkeit entdecken zu lassen. Fordern Sie das Kind auf, die Augen zu schließen. Fragen Sie es, wie sein liebstes Kuscheltier (oder sein Schlafzimmer oder der beste Freund oder ...) aussieht. Höchstwahrscheinlich erhalten Sie eine komplette Beschreibung. Fordern Sie das Kind anschließend auf, die Augen wieder zu öffnen und weisen Sie das Kind darauf hin, dass sein Kuscheltier (...) überhaupt nicht anwesend ist, dass es sich dieses aber trotzdem vorstellen konnte. Genau so kann man sich bei den Ziffern einer Zahl bis 1000 das Dienes-Material vorstellen. Üben Sie dies eine kurze Zeit mit den Kindern. Wenn dies überhaupt nicht klappt, empfiehlt es sich, das Vorstellungsvermögen untersuchen zu lassen.*

Spiel: „Die höhere Zahl"

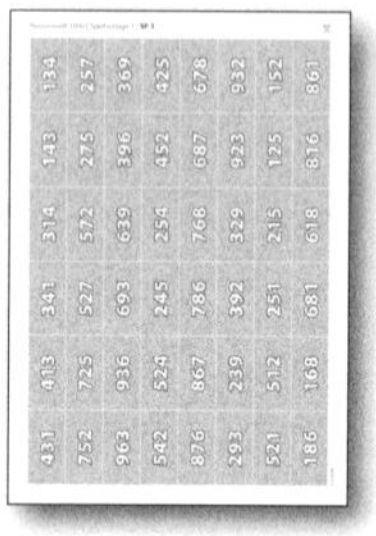

Material
- Spielmaterial SP 1: Zahlenkarten
- 10 Einer, 10 Zehner und 10 Hunderter je Kind

Anzahl Spieler 2

Vorbereitung Drucken Sie die Zahlenkarten für jede Kindergruppe einmal aus. Verteilen Sie die Karten an die beiden Kinder.

Spielablauf Beide Kinder legen ihre Karten mit der Rückseite nach oben in einem Stapel vor sich hin. Sie drehen gleichzeitig die oberste Karte um und legen diese offen auf den Tisch. Das Kind, das die höhere Zahl hat, darf beide Karten nehmen und beiseitelegen. Beim geringsten Zweifel wird mit Hilfe des Dienes-Materials kontrolliert.

Wer gewinnt Wenn alle Karten gespielt sind, zählt jedes Kind seine Beute. Wer die meisten Karten hat, gewinnt das Spiel.

Eine dritte Zahl hinzufügen

Dieser Zwischenschritt stellt eigentlich selten ein Problem dar, wenn ein Kind hierbei jedoch ins Straucheln gerät, gelingt ihm das Ordnen größerer Reihen nicht. Für den Zwischenschritt ist nicht viel Zeit erforderlich und Sie werden schnell merken, welche Kinder Sie noch zusätzlich auf dem vorigen Niveau üben lassen müssen.

Spiel: „Mauleselspiel"

Material
- Spielmaterial SP 3a bis d: Mauleselspiel
- 10 Einer, 10 Zehner und 10 Hunderter zur Kontrolle (dieses Material kann für einzelne Spielgruppen vorgesehen werden)

Anzahl Spieler 3 (Kann auch zu viert gespielt werden; die Kinder müssen dann jedoch sicherer im Ordnen von Zahlen sein.)

Vorbereitung Drucken Sie das Spielmaterial auf festem Papier aus und laminieren Sie es gegebenenfalls. Die Eselkarten werden mit der Rückseite nach oben ausgelegt, Jedes Kind zieht eine Karte. Der Zufall entscheidet, ob das betreffende Kind einen starken oder einen schwachen Esel zieht. Bei

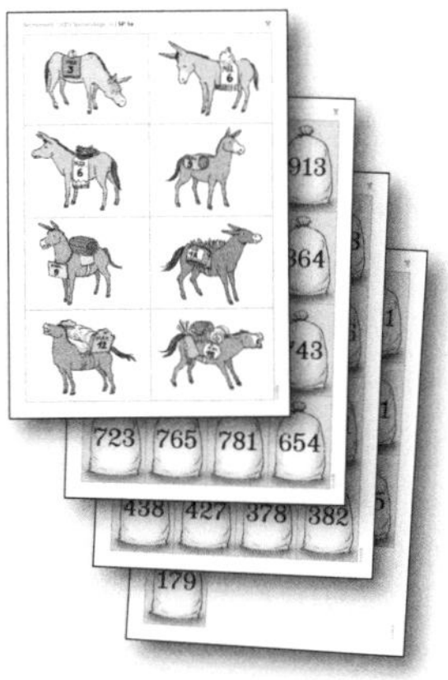

jedem Esel ist deutlich angegeben, wie viele Säcke er maximal tragen kann. Die übrigen Spielkarten (die Säcke) werden ebenfalls mit der Rückseite nach oben ausgelegt. Jedes Kind zieht 7 Karten und hält sie so, dass nur es selbst die Zahlen auf den Säcken sehen kann.

Spielablauf

Jedes Kind betrachtet die Kraft des Esels, den es gezogen hat, und versucht, während des Spiels so viele Säcke wie möglich, jedoch nicht zu viele, zu sammeln. Wie schwer ein Sack ist, spielt für den fraglichen Esel keine Rolle, für ihn zählt lediglich die Anzahl der Säcke.
Das Los entscheidet, welches Kind beginnt (dazu können Sie verschiedene Möglichkeiten anwenden, zum Beispiel, wer die höchste Zahl würfelt).
Dieses Kind legt eine seiner Sackkarten offen auf den Tisch, sodass jeder den Wert der Karte sehen kann. Das nächste Kind im Uhrzeigersinn legt ebenfalls eine seiner Karten offen auf den Tisch und entscheidet dabei, ob es eine höhere oder niedrigere Karte ablegt. Auch das dritte Kind wählt – sobald es an der Reihe ist – eine seiner Karten und legt diese offen hin. Die Entscheidung, ob ein Kind über die offen gelegten Werte hinausgeht (also eine Karte mit einer höheren Zahl wählt) oder darunter bleibt, hängt von der Kraft seines Esels ab. Das Kind, das die Karte mit der höchsten Zahl abgelegt hat, muss die drei Karten nehmen. Dies sind schon einmal drei Säcke, die sein Esel tragen muss. Es muss in der nächsten Spielrunde als Erstes eine Karte offen hinlegen.
Nach 7 Runden sind sämtliche Karten ausgespielt. Jedes Kind zählt jetzt die Zahl seiner Säcke, die es erspielt hat.

Wer gewinnt

Wer am nächsten an die maximalen Möglichkeiten seines Esels herankommt (angegeben in der Zahl der Säcke, nicht ihres Wertes) ohne das Maximum zu überschreiten, gewinnt das Spiel.
Bei diesem Spiel können mehrere Kinder mit Gleichstand gewinnen.

■ Mehrere Zahlen ordnen

Diese Fertigkeit ist durch die vorigen Schritte gut vorbereitet worden. Kinder werden spontan versuchen, die Zahlen von klein nach groß zu ordnen und dabei jeweils die nächste Zahl anzugeben. Das Einfügen von Zahlen wird erst dann angewendet, wenn sie eine Zahl vergessen haben.
Für diesen Abschnitt gebe ich keine Grundübung an, Sie können sofort mit den Arbeitsblättern und Spielen beginnen.

Arbeitsblatt 2: Mehrere Zahlen ordnen

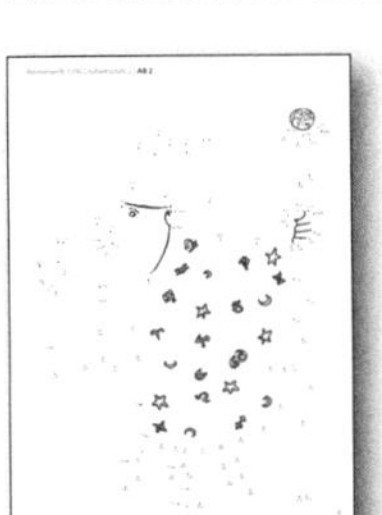

Anweisung

Hier ist eine Zeichnung versteckt. Wenn du die Zahlen bei den Punkten in der Reihenfolge von klein nach groß miteinander verbindest, entsteht ein Bild. Pass gut auf, denn die Zahlenreihe enthält Lücken. Die Zahlen folgen also nicht immer direkt aufeinander.

Zahlen auf- und abrunden

Es ist viel einfacher, sich 500 vorzustellen als 529. Ich gehe davon aus, dass die meisten Menschen lieber 7 • 500 im Kopf rechnen als 7 • 529. Ausgehend von der Erkenntnis, dass wir Zahlen ordnen können, können wir Zahlen auch zum nächsten „einfachen" Nachbarn auf- oder abrunden. Für Kinder ist dies viel schwieriger als es scheint. Diese Fertigkeit ist jedoch wichtig. Wer Zahlen gut runden kann, kann das Ergebnis einer Aufgabe mit komplexen Zahlen mit auf- und abgerundeten Zahlen im Kopf durchführen und die Antwort auf diese Weise im Voraus einschätzen.

➜ *In all den Jahren, in denen ich mit – vor allem rechenschwachen – Mädchen und Jungen arbeite, bin ich nicht einem Kind begegnet, das mit „Schätzen" gut zurechtkam. Die meisten Schlauberger rechneten die Aufgabe zunächst korrekt aus und trugen dann die „Schätzung" ein. Wenn ich darauf genauer einging, stellte sich heraus, dass das Auf- und Abrunden selbst ein wichtiges Hindernis ist.*

Das Runden zu lernen ist der letzte Schritt in einem ganzen Übungsverfahren. Damit wird die geordnete Reihe verlassen.
Bei der Grundübung verwenden wir das Material zum Zahlen auf- und abrunden: SP 4a, b, c und d.

Grundübung

Auf- und Abrunden

Schritt 1: Eine Reihe von Zahlen ordnen

Kopieren Sie für jede Kindergruppe die Spielvorlagen SP 4a und b und schneiden Sie sie aus. Fordern Sie die Kinder auf, die Zahlen in einer langen Reihe zu ordnen. Die Kinder werden die Übersicht über die Reihe am besten behalten, wenn Sie sie das Material vertikal ordnen lassen.

Schritt 2: Runde Zehner einfügen

Sie geben den Kindern jetzt die runden Hunderter (SP 4c, Teil B) und fordern sie auf, diese an der richtigen Stelle einzuordnen. Danach geben Sie ihnen die runden Zehner (SP 4c, Teil C und SP 4d, Teil C) und fordern sie auf, auch diese einzuordnen.

➜ *Die Tische werden vermutlich nicht groß genug sein, um eine so lange Reihe zu legen, und manche Kinder verweigern sich wegen der Menge an Karten. Sie können durchaus eine „Zone" isolieren, mit der weitergearbeitet werden darf, oder die lange Reihe in Teilreihen pro Kind aufteilen.*

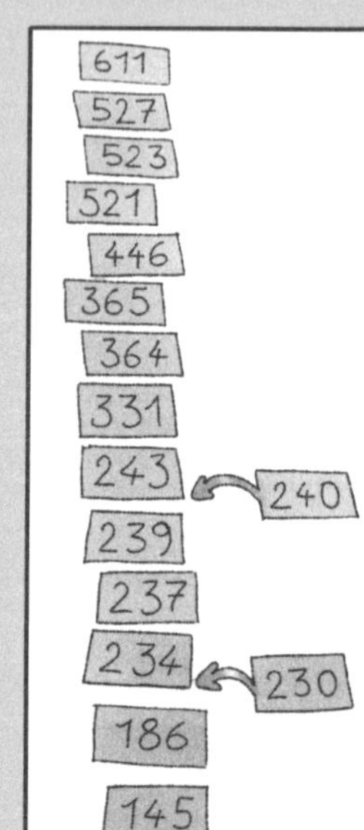

Schritt 3: Zu welchem runden Zehner gehört die Zahl?

Dieser Schritt ist neu. Die Kinder müssen jetzt bestimmen, welchem Zehner eine Zahl am nächsten ist. Wenn ihnen dies nicht spontan gelingt, können Sie es ihnen folgendermaßen nahebringen:
Isolieren Sie zwei aufeinanderfolgende Zehner mit den dazwischenliegenden Zahlen. Wählen Sie eine Situation, in der mehrere Zahlen geordnet werden müssen (zum Beispiel von 230 bis 240 // von 440 bis 450 // von 520 bis 530) und fordern Sie jedes Kind auf, die Zahlen dazwischen einzuordnen.
Jetzt geben Sie dem Kind die Zahl 235 (oder 445 oder 525 ...). Sie finden diese Zahlen auf der Spielvorlage SP 4d in der unteren Hälfte (Teil D). Fordern Sie das Kind auf, diese Zahl an der richtigen Stelle einzuordnen. Sie erzählen dem Kind jetzt, dass alles, was unter der Zahl mit den 5 Einern liegt, zum unteren Zehner gehört, weil diese Zahlen aufgrund ihrer Menge dichter beim unteren als beim oberen Zehner liegen.
Die Zuordnung der Zahl mit 5 Einheiten hängt von der angewendeten Rechenmethode ab und ist eine reine Vereinbarung.

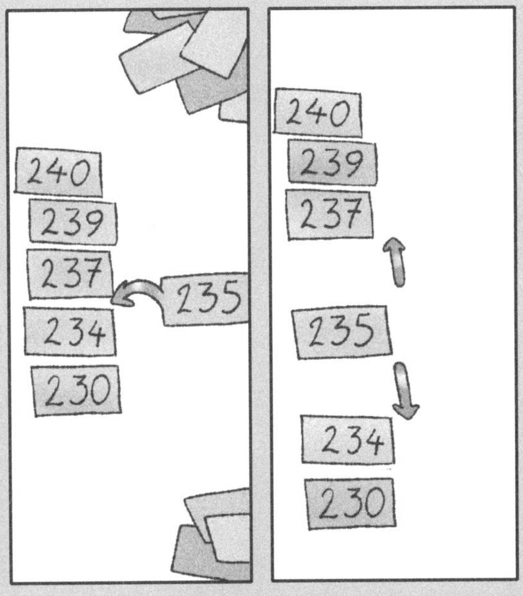

→ *Dieser Aspekt wird häufig auch mit einem Zahlenstrahl unterstützt. Wenn die Kinder mit diesem Medium gut arbeiten können, ist das prima. Für viele Kinder ist der Zahlenstrahl jedoch besonders verwirrend. Sie zählen meistens die Striche und nicht die Sprünge. Für sie ist es ein Segen, wenn Sie das Dienes-Material einsetzen.*

Das Kind darf jetzt die Karte mit den 5 Einern an den runden Zehner anlegen. Alle anderen Karten müssen in gleicher Weise verteilt werden.
Zum Schluss teilen Sie den Kindern mit, dass sie jetzt „auf den Zehner auf- oder abgerundet haben".

Schritt 4: Zu welchem Hunderter gehört die Zahl?

Sie gehen jetzt von einer Auswahl aus zwei aufeinanderfolgenden Hundertern aus. Es ist natürlich nicht möglich, die Kinder in Einerschritten weiterzählen zu lassen. Fordern Sie das Kind auf, die Zehner einzeln einzufügen. Geben Sie nun dem Kind die Zahl 150 (oder 250 oder 350 ...). Sie finden diese Zahlen auf der Spielvorlage SP 4d, Teil D. Fordern Sie das Kind auf, diese Zahl an der richtigen Stelle einzuordnen. Sie erzählen dem Kind jetzt, dass alles, was unter der Zahl mit den 5 Zehnern liegt, zum unteren Hunderter gehört, weil diese Zahlen aufgrund ihrer Menge dichter beim unteren als beim oberen Hunderter liegen.
Zum Schluss teilen Sie den Kindern mit, dass sie jetzt „auf den Hunderter auf- oder abgerundet" haben.

→ *Fast immer erhalte ich als Reaktion von Kindern „Ist das auf- und abrunden??? Ist das so einfach???" Kinder können einen großen Schreck bekommen, wenn Sie beim ersten Vorstellen einer neuen Fertigkeit erfahren, dass sie keine Ahnung haben, worum es geht. In dieser Hinsicht steht Runden in den Top 10 der unverstandenen Fertigkeiten. Kinder behalten dann vor allem das Gefühl des Versagens in Erinnerung. „Ich weiß nicht gut, was auf- und abrunden ist, aber ich weiß ganz gut, dass ich es nicht kann." Aufgrund dieser negativen Erfahrung sperren sie sich gegen jede gut gemeinte zusätzliche Erklärung. Deshalb setzt diese Übung nicht bei der Mitteilung an „Wir lernen jetzt auf- und abrunden", sondern beim Handeln, und danach wird der Name angegeben: „Dies war also das Auf- und Abrunden, und das ist schon alles."*

Spiel: „Runden"

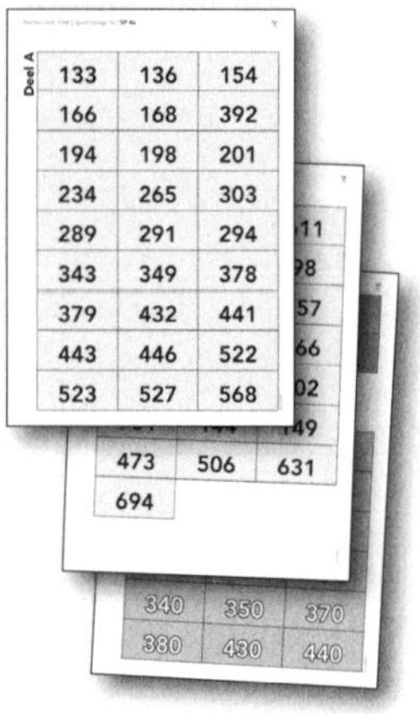

133	136	154
166	168	392
194	198	201
234	265	303
289	291	294
343	349	378
379	432	441
443	446	522
523	527	568

Material · Spielvorlage SP 4a, b und c: Runden

Anzahl Spieler eine ganze Klasse

Vorbereitung Kopieren Sie alle Karten der Spielvorlagen SP 4a und b und 4c, Teil B und schneiden Sie sie aus. Gegebenenfalls arbeiten Sie mit vergrößerten Karten, vor allem die runden Hunderter müssen auch aus einer gewissen Entfernung deutlich lesbar sein.
Geben Sie 7 Kindern einen runden Hunderter.
Legen Sie die anderen Karten in eine Schachtel (oder verteilen Sie die Karten auf mehrere Schachteln), aus der die Kinder bequem eine Zahl entnehmen können.

Spielablauf Alle Kinder nehmen eine Karte aus der Schachtel, betrachten ihre Zahl, runden sie auf den Hunderter auf oder ab und laufen so schnell wie möglich zu dem Kind mit dem richtigen Hunderter. Das Kind, das als Erstes seinen (natürlich richtigen) Hunderter erreicht, darf dessen Platz einnehmen.
Kinder, die falsch gerundet haben, bekommen einen „Strafpunkt".
Alle anderen Kinder legen ihre Karten beiseite und gehen zur Schachtel, um eine neue Karte zu nehmen.
Wenn alle Karten gerundet sind, zählen alle Kinder ihre Strafpunkte.

Wer gewinnt Die Kinder mit den wenigsten Strafpunkten sind die Gewinner des Spiels.

→ *Bei diesem Spiel können Sie natürlich sehen, welches Kind noch einmal durch die vorige Grundübung gelotst werden muss. Es empfiehlt sich bei diesen Kindern zu prüfen, ob sie in der Lage sind, die Zahlen gut zu ordnen. Gegebenenfalls wiederholen Sie die dazugehörende Grundübung mit diesen Kindern.*

3. Einfache Verknüpfung von Rechenaufgaben – Wirklichkeit und Versprachlichung im Zahlenraum bis 1000

Einführung

Rechnen ist das Vorhersagen des Ergebnisses einer Änderung von Mengen

Dies ist eine Definition mit Konsequenzen. Solange wir über Rechnen sprechen, bedeutet dies nicht mehr und nicht weniger, als dass jede Rechenaufgabe eine direkte Verknüpfung mit der Wirklichkeit besitzt. Jede Rechenaufgabe erzählt die Geschichte einer Menge, die eine Änderung erfährt. Wir können die Kinder lehren, sich diese Wirklichkeit vorzustellen und die Geschichte der Änderung in Worte zu fassen. Wer das kann, der versteht, weshalb 320 und 42 zusammen 362 ist.
Aufgrund dieser Definition ist klar, dass Zählen noch kein Rechnen ist, dass es jedoch ein entscheidender Vorläufer ist. Das hängt sehr eng mit dem Begriff „Vorhersagen" zusammen. Die Vorhersagefähigkeit wird selbstverständlicher, je größer die Erfahrung wird. Beim Rechnen besteht die Erfahrung aus der Wahrnehmung – und somit dem Zählen – der sich ändernden Mengen.

→ *Niemand kommt auf die Idee, einen Jugendlichen, der einzig den theoretischen Fahrschulunterricht absolviert hat, sofort und ohne jede Begleitung auf die Périphérique von Paris zu schicken. „Sage einfach voraus, wann du dich einfädeln kannst; sage einfach voraus, wann du scharf bremsen musst, mach einfach mal vor, wie stark du das Lenkrad drehen musst ..." Im Rechenbereich schicken wir viele Kinder mit ungenügender Vorbereitung auf die „Autobahn".*

Damit wir aus Erfahrung lernen können, ist es wichtig, dass wir uns an diese Erfahrungen erinnern können. Sowohl visuelle als auch auditive Vorstellungen unterstützen das Gedächtnis. Im Rechenbereich sorgen wir deshalb sowohl für eine passende „Übersetzung" als auch für eine durchdachte visuelle Vorstellung, wenn wir die Änderungen von Mengen wahrnehmen.

→ *Mathematik löst sich dort vom Rechnen, wo die Veränderung der Mengen nicht mehr konkret ausgeführt werden kann oder die allgemeinen Gesetzmäßigkeiten in einer mathematischen Spezialsprache verfasst werden. Mathematik nutzt die rechnerische Fähigkeit, mathematisches Denken an sich kann jedoch auch entstehen, wenn die Rechenfertigkeit von Kindern unzureichend ist.*

Verknüpfung Rechenaufgabe – Versprachlichung – Handlung

Wenn wir wollen, dass Kinder Einsicht in die Rechenwelt bis 1000 erwerben, müssen wir dafür sorgen, dass sie sich die Änderungen der Mengen gut vorstellen, den Prozess richtig formulieren und dies alles mit der abstrakten Sprache von Rechenaufgaben verknüpfen können.

Vorstellung des Rechenprozesses

Das Dienes-Material ist besonders gut, wenn es um das „Nachspielen" des Geschehens geht. Mit diesem modularen System ist es perfekt möglich, die vier Grundoperationen in der Rechenwelt bis 1000 zu visualisieren. Wir müssen uns als Lehrperson gut darüber im Klaren sein, dass sich das Nachspielen der Rechenprozesse mit dem Dienes-

Material noch im Bereich des Zählens bewegt. Solange das Kind mit Material arbeitet, rechnet es nicht, sondern erhält die Möglichkeit, Erfahrungen zu sammeln, durch die es langfristig zum Rechnen gelangen kann.
Daher ist es wichtig, dass wir eine Verkürzung der materiellen Handlung und eine Verschiebung hin zum schematischen, ideellen Handeln stimulieren. Aber gerade in diesem Bereich gibt es zwischen den Kindern sehr große individuelle Unterschiede. Manche Kinder stellen diesen Zusammenhang nach dem ersten Mal her und können von dieser Erkenntnis aus weitgehende, spontane Verknüpfungen vornehmen, andere benötigen viel mehr Rahmen, Wiederholungen und Aufmerksamkeit. Es gilt das Grundsatzprinzip, dass letztendlich das Kind die Geschwindigkeit des Übergangs bestimmt.

Die Versprachlichung

Die Kunst besteht darin, eine „passende" Versprachlichung zu finden. Die benutzten Wörter müssen die Handlung korrekt wiedergeben, jedoch so, dass das Kind die Wörter begreift. Sie werden feststellen, dass die Versprachlichung spontan am Anfang sehr lang ist („Schau mal, hier steht, dass du zu diesen 350 200 hinzufügen musst; die beiden Hunderter passen zu diesen drei Hundertern, dann hast du also insgesamt 550"; und dies wird allmählich verkürzt zu „350 und 200 ist 550")
Die Versuchung ist groß, schnelle Rechner etwas weniger zu beachten. Sie zaubern so schnell mit Zahlen, dass die Versprachlichung eher eine Nebensache zu sein scheint, da die Antworten doch immer richtig sind. Wenn wir sie jedoch nicht stimulieren zu lernen, die korrekten Formulierungen anzuwenden, scheitern sie leicht in der Mathematik, in der eine isolierte Rechenfertigkeit schließlich nicht mehr genügt.
Sprachlich starke Kinder können die Versprachlichung manchmal sehr rasch reproduzieren. Bei ihnen kommt es darauf an abzuklopfen, ob die schönen ganzen Sätze auch einen Inhalt haben. Manche von ihnen plappern munter los, können anschließend jedoch das nicht ausführen, was sie gerade proklamiert haben.
Natürlich gibt es auch Pechvögel: diejenigen, denen Rechnen schwerfällt und die nicht sprachgewandt sind. Auf diesem Niveau verdienen sie auf jeden Fall unsere Unterstützung und Aufmerksamkeit. Eine solide Grundlage in der Rechenwelt bis 1000 kann beim fortgeschrittenen Rechnen viel Elend verhindern.

Die Rechenaufgaben

Die Rechenaufgaben sprechen für sich. Aufgrund des vorigen Niveaus innerhalb des Rechnens sind die Kinder bereits mit den Operationen vertraut. Ausgehend vom Zahlenaufbau können sie sich die benutzten Zahlen vorstellen.

■ Basale Verknüpfung

In diesem Teil geht es um das Begreifen und die Versprachlichung des Zusammenhangs zwischen den Rechenaufgaben und den Handlungen. Wir führen die Kinder noch nicht in eine Situation, in der sie mehrere komplexe Rechenschritte nacheinander ausführen müssen. In einer ersten Phase sind alle Aufgaben so gewählt, dass sie sich mit dem Material leicht ausführen lassen. Anschließend besprechen wir die Verknüpfung mit einfachen Übergängen.
Gerade dadurch, dass man auf die Einfachheit der Aufgaben achtet, erhalten die Kinder die Chance, sich die dahinterliegende Wirklichkeit der Rechenaufgaben vorzustellen.

➜ *Rechenstarke Kinder neigen bei dieser Art von Aufgaben zum Ungeduldigwerden. Sie kennen das Ergebnis schon lange, auch ohne – wie sie es ausdrücken – das ganze Getue mit den Würfeln. Aber auch für sie gilt, dass das Eintragenkönnen der Antworten kein Synonym für das Begreifen der Aufgaben ist. Und nur das Letztere ist die Eintrittskarte zur Entwicklung mathematischer Einsichten. Mathematik nutzt die Rechenfertigkeit, um das Denken in einem speziellen Bereich weiterzuentwickeln.*

Addieren und Subtrahieren

Sorte zu Sorte: Das Wesentliche beim Addieren und Subtrahieren

Wichtig ist, dass die Kinder beim Addieren und Subtrahieren erfahren, dass nur gleichartige Dinge zusammengezählt werden können. Sie können dies mit folgender Geschichte deutlich machen:

Grundübung

Wir addieren und subtrahieren immer nur gleiche Sorten

Fordern Sie die Kinder auf, sich eine Gruppe von 3 Elefanten und eine Gruppe von 2 Elefanten vorzustellen.

Wie viele sind das zusammen?

Die meisten Kinder werden „fünf" oder „fünf Elefanten" antworten.

Dann fordern Sie die Kinder auf, sich 3 Elefanten und 2 Stühle vorzustellen. Wenn man diese zusammennimmt, wie viele hat man dann?

Wenn die Kinder daraufhin „5" antworten, fragen Sie: „... 5 Stühle oder 5 Elefanten? Sind die Stühle Elefanten geworden oder die Elefanten Stühle?"

Wenn die Kinder – häufig erstaunt – feststellen, dass sie Elefanten und Stühle nicht addieren können, können Sie diese Erkenntnis erweitern: „Man kann nur dieselben Dinge zusammenzählen."

Teilen Sie sofort mit, dass dies eine wichtige Erkenntnis ist, etwas, das sie noch oft brauchen werden. Beruhigen Sie sie aber auch, dass Sie sie immer wieder darauf hinweisen werden.

■ Addieren und Subtrahieren ohne Überschreiten der Einheiten

Rein anschaulich

Grundübung

Addieren und Subtrahieren ohne Überschreiten

Sie beginnen mit einem leeren Blatt. Während Sie die Aufgabe aufschreiben, zeigen Sie mit dem Material, was geschieht und formulieren die Änderung der Mengen, wie dies in den Zeichnungen angegeben ist.

Addieren ohne Zehnerübergang

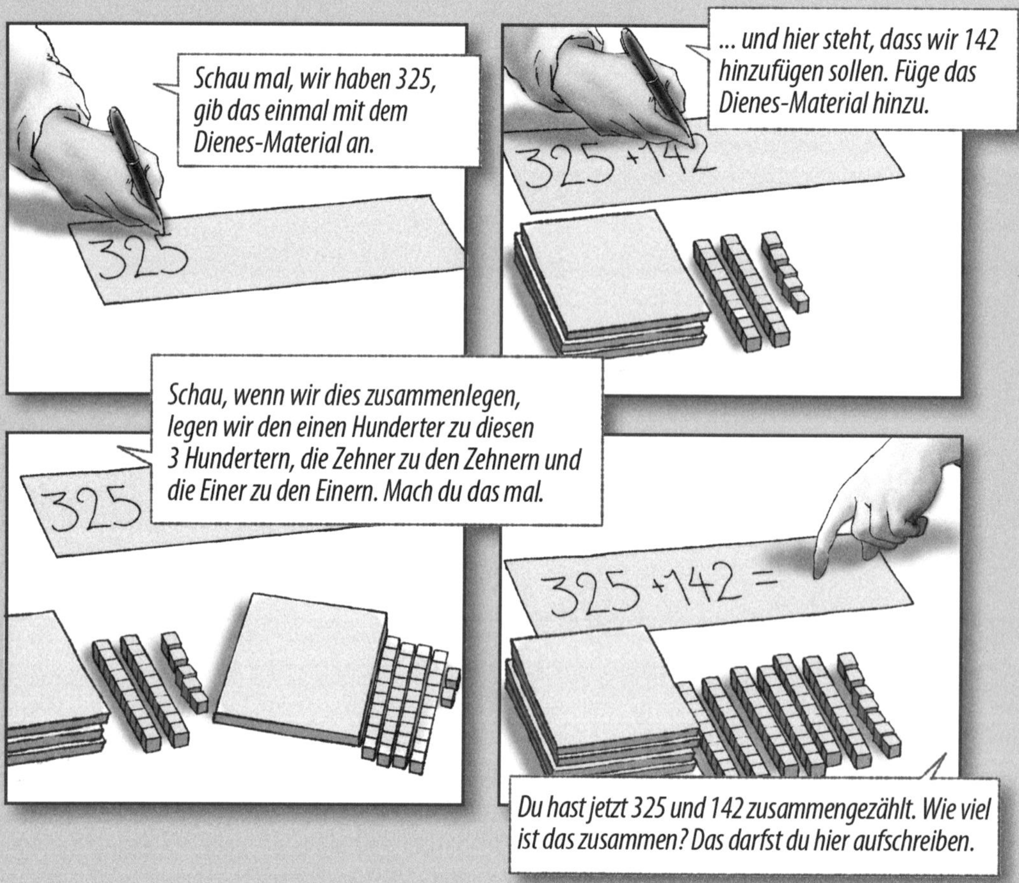

Subtrahieren ohne Überschreiten

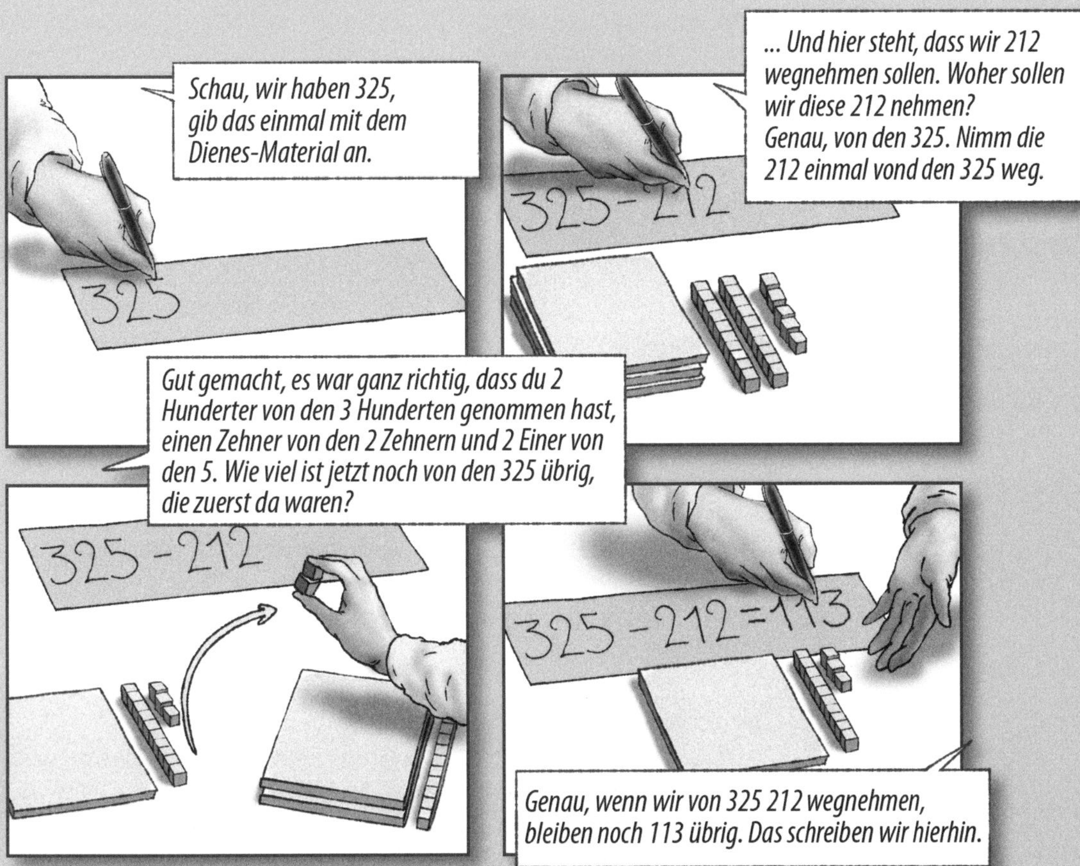

➜ *Diese Grundübungen wirken trivial, sie wirken jedoch häufig völlig unterschiedlich auf Kinder. Es ist wirklich kein überflüssiger Luxus, die Wirklichkeit hinter dem Addieren und – vor allem – dem Subtrahieren noch einmal zu erklären.*

Spiel: „Rechenaufgaben raten"

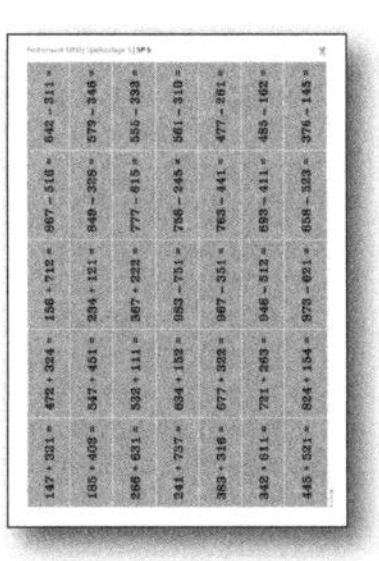

Material
- Spielmaterial SP 5: Rechenaufgabenkarten
- 10 Einer, 10 Zehner und 10 Hunderter je Kind
- Stift und Papier für jedes Kind

Anzahl Spieler 2-4

Vorbereitung Drucken Sie pro Kindergruppe die Rechenaufgabenkarten einmal aus und schneiden sie die Karten auseinander. Legen Sie die Karten mit der Rückseite nach oben in die Mitte des Spielfeldes.

Spielablauf Das Kind, das beginnt, zieht verdeckt eine Rechenaufgabenkarte. Nun zeigt es mit dem Dienes-Material die Handlung, die zu seiner Rechenaufgabe gehört. Alle anderen Kinder schreiben die Rechenaufgabe auf, die zu der gezeigten Handlung gehört. Das Kind, das im Uhrzeigersinn am nächsten sitzt und die richtige Rechenaufgabe aufgeschrieben hat, darf eine neue Karte ziehen.

→ *Auf diesem Niveau übergehen wir die einfachen Additionen der reinen Hunderter und der Kombinationen von Hundertern und Zehnern. Sie stellen fest, dass es keine Aufgaben des Typs 300 + 200 gibt. Wenn die oben angegebene Grundübung für Kinder eine zu große Komplexität darstellt, können Sie Aufgaben mit reinen Hunderten anbieten. Die Notwendigkeit, einen solchen „Rückschritt" zu machen, bedeutet jedoch häufig langfristig auch eine Einschränkung der Rechenmöglichkeiten.*

Übergang zum Rechnen

Während im vorigen Teil der Akzent auf dem Wahrnehmen der Änderung lag, widmen wir jetzt allmählich dem Vorhersagen des Ergebnisses der Veränderung größere Aufmerksamkeit und lassen das Material nach und nach im Hintergrund verschwinden.
Das Addieren und Subtrahieren in der Rechenwelt bis 1000 verlangt fast immer mehr als einen einzigen Denkschritt, auch wenn wir die Komplexität der Zahlen in Grenzen halten. Die Kunst besteht darin, den Kindern beizubringen, die Zwischensummen zu behalten oder zu notieren. Es gibt verschiedene Möglichkeiten, die Kinder diese Rechenaufgaben lösen zu lassen. Jeder Weg hat seine Vor- und Nachteile.

Die verschiedenen Einheiten einzeln bearbeiten

Es ist besonders verlockend, den Kindern diese Strategie beizubringen. Vor allem auf diesem Niveau – wenn wir sie noch nicht mit dem Überschreiten einer Einheit konfrontieren – verlangt diese Strategie die geringste Anstrengung und die Kinder finden meistens die richtigen Antworten. Viele Erwachsene lösen Aufgaben dieser Art ebenfalls auf diese Weise.
Konkret bedeutet dies, dass die Aufgabe 352 + 125 = gelöst wird als 300 + 100 = 400 // 50 + 20 = 70 // 2 + 5 = 7, zusammen also 477. Bei der Subtraktion 476 – 231 = ergibt sich 400 – 200 = 200 // 70 – 30 = 40 // 6 – 1 = 5, zusammen also 245.

Die große Gefahr entsteht, wenn wir den Kindern demnächst komplexere Aufgaben geben. Sobald das Überschreiten einer Einheit an der Reihe ist, vergessen viele Kinder die Essenz der Ausgangsmenge. Ich meine damit, dass sie zum Beispiel bei der Aufgabe 430 – 170 argumentieren „400 – 100 = 300 // 30 – 70 ... oh, das geht nicht, aber 70 – 30 ist 40, also: 430 – 170 = 340." Dieser Fehler lässt sich nur vermeiden, wenn die Kinder gut begreifen, dass die am weitesten links stehende Zahl auch die Ausgangsmenge ist. Ich bespreche beim Überschreiten der Einheiten, welche Alternativen Sie haben, wenn dieser Fehler auftritt.

→ *Für viele Kinder ist es nicht offenkundig, dass wir eine Rechenaufgabe von links nach rechts lesen. Sie neigen stark dazu, ihren Ausgangspunkt rechts zu nehmen. Für sie ist die „erste" Zahl deshalb auch die „rechte" Zahl. Deswegen gebe ich den Kindern die Ausgangsmenge stets zur Unterstützung an.*

Ich stelle auch fest, dass Kinder, die diese Strategie anwenden, größeren Bedarf an Unterstützung in der Einblickphase haben. Denn ein Kind, dass nach dieser Strategie vorgeht, hat kaum ein Verständnis für die Mengen, die sich ändern.

Die Ausgangszahl während des gesamten Verfahrens zusammenhalten

Diese Methode entspricht der Realität am meisten und wir haben sie deswegen in der Einblickphase immer wieder gezeigt. Die Ausgangszahl wurde um die zweite Zahl vergrößert oder vermindert.
Konkret bedeutet dies, dass die Rechenaufgabe 352 + 125 gelöst wird als „352 + 100 = 452, 452 + 20 = 472, 472 + 5 = 477" und 678 – 241 als „678 – 200 = 478, 478 – 40 = 438, 438 – 1 = 437".
Diese Methode stellt jedoch große Anforderungen an das Gedächtnis der Kinder. Sie müssen jeweils die Ausgangsmenge abhängig von dem Teil, der hinzugefügt oder abgenommen wird, anpassen. Kinder, die es schaffen diese Schwierigkeit zu meistern, sind besser gerüstet, wenn wir die komplexeren Rechenaufgaben anbieten.

Schriftliches Rechnen im Kopf

Sobald Kinder schriftliches Rechnen kennengelernt haben, finden sie häufig die Strategie, schriftlich im Kopf zu rechnen. Sie „sehen" die Zahlen untereinander und fügen – ausgehend von der kleinsten Einheit – die verschiedenen Mengen zusammen. Diese Strategie ist sicher und verursacht bei der Erweiterung der Komplexität der Rechenaufgaben weniger Schwierigkeiten.
Der große Nachteil dieser Arbeitsweise ist, dass sie – ebenso wie das einzelne Zusammensetzen von Einheiten – korrekt ausgeführt werden kann, auch ohne Einsicht in das Wesen von Addition und Subtraktion oder die Mengen, die verwendet werden. Wenn unser Ziel lediglich die Verbesserung der reinen Rechenfertigkeit ist, kann man dies kaum als Nachteil bezeichnen, wenn wir das Rechnen jedoch als Vorläufer des mathematischen Denkens verstehen, müssen wir Kindern zumindest die Chance geben, die Einsicht zu erwerben.

➜ *Ich habe Kinder erlebt, die die Aufgabe 500 + 125 lösten als 0 + 5 = 5 // 0 + 2 = 2 // 5 + 1 = 6, zusammen ist dies also 625. Das Ergebnis ist richtig, es ist jedoch auch klar, das diese Kinder im Wesentlichen die Änderung der Menge nicht vorhersagen.*

Natürlich kann man sich dafür entscheiden, für spezielle Kinder die Latte nicht allzu hoch zu legen und sich mit einer ausreichenden rechnerischen Fähigkeit zu begnügen. Gelegentlich kann sogar das Erfolgserlebnis, das sich über dieses systematische Rechnen einstellt, ein Kind über die Schwelle zum einsichtigen Rechnen tragen. In beiden Fällen müssen wir als Lehrperson uns jedoch über die Art und Weise im Klaren sein, wie die Ergebnisse zustande kamen. Für diese Kinder kann der erste Schritt dieses Kapitels, das einsichtige Bearbeiten einfacher Additionen und Subtraktionen, einen wichtigen Unterschied ausmachen.

Und dann ... einüben

Spiel: „Lotto"

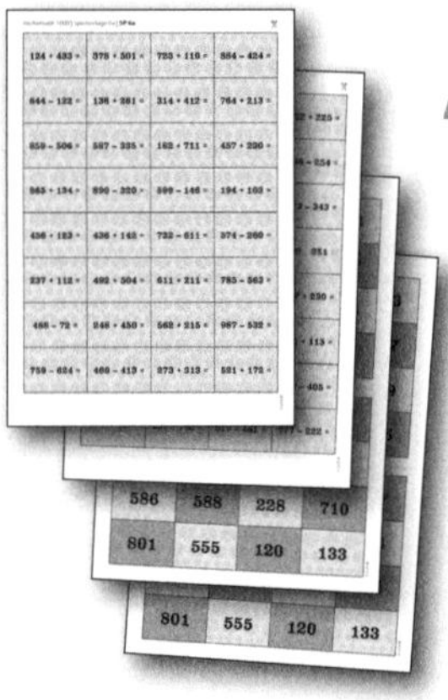

Material
- Spielmaterial SP 6a, b, c und d: Lotto + und – ohne Überschreiten
- 10 Einer, 10 Zehner und 10 Hunderter je Kind

Anzahl Spieler 2-4

Vorbereitung Drucken Sie pro Kindergruppe die Karten mit den Rechenaufgaben einmal aus. Schneiden Sie die Karten aus und legen Sie diese mit der Rückseite nach oben in die Mitte des Spielfeldes.
Drucken Sie für jedes Kind eine andere Lottokarte aus. Die Kinder legen diese so vor sich hin, dass sie die Ergebnisse sehen können.

Spielablauf Der Reihe nach zieht ein Kind eine Rechenaufgabenkarte und löst die Aufgabe im Kopf. Vor allem in der Anfangsphase des Spiels kontrolliert ein anderes Kind das Ergebnis mit Hilfe des Materials. Das geht ziemlich schnell, weil nirgends ein Überschreiten der Einheiten vorkommt.
Alle Kinder schauen auf ihrer Lottokarte nach, ob die Antwort darauf zu finden ist. Wenn dies der Fall ist, darf das entsprechende Kind die Karte umgedreht auf das Ergebnis legen. Jede Rechenaufgabe stimmt nur mit einem einzigen Ergebnis überein.

Wer gewinnt Wer als Erster 4 Zahlen in einer Reihe abdecken kann, gewinnt das Spiel. Diese Reihe darf sowohl horizontal, vertikal als auch diagonal verlaufen.

Addieren und Subtrahieren mit Überschreiten der Einheiten

Zuerst der Einblick

Wir überschreiten eine Einheit, sobald es mehr als 10 Elemente gibt oder sobald wir mehr Elemente der betreffenden Einheit wegnehmen wollen, als vorhanden sind. Dabei geht es jedes Mal um das Prinzip des „Umtauschens". Sie werden feststellen, dass wir in dieser Einblickphase mit dem Subtrahieren beginnen. Dabei muss das Kind auf jeden Fall umtauschen, wenn es die Aufgabe ausführen will. Beim Addieren ist diese Notwendigkeit weniger zwingend. Die Tatsache, dass wir bei 314 + 27 keine 11 Einer aufschreiben dürfen, beruht auf der willkürlichen Vereinbarung, dass wir immer dann, wenn wir zehn Elemente haben, diese gegen eine größere Einheit umtauschen. Gut, aber warum? Beim Subtrahieren ist das Umtauschen unumgänglich. Wenn wir 354 – 116 ausrechnen wollen, fehlen den Kindern schlichtweg Einer. Die folgende Grundübung beschreibt, wie Sie dies den Kindern vermitteln können.

Grundübung

Einblick in das Überschreiten einer Einheit beim Subtrahieren

Sie beginnen mit einem leeren Blatt. Sie schreiben die Aufgabe auf und behandeln und besprechen sie, wie dies in den Zeichnungen angegeben ist.

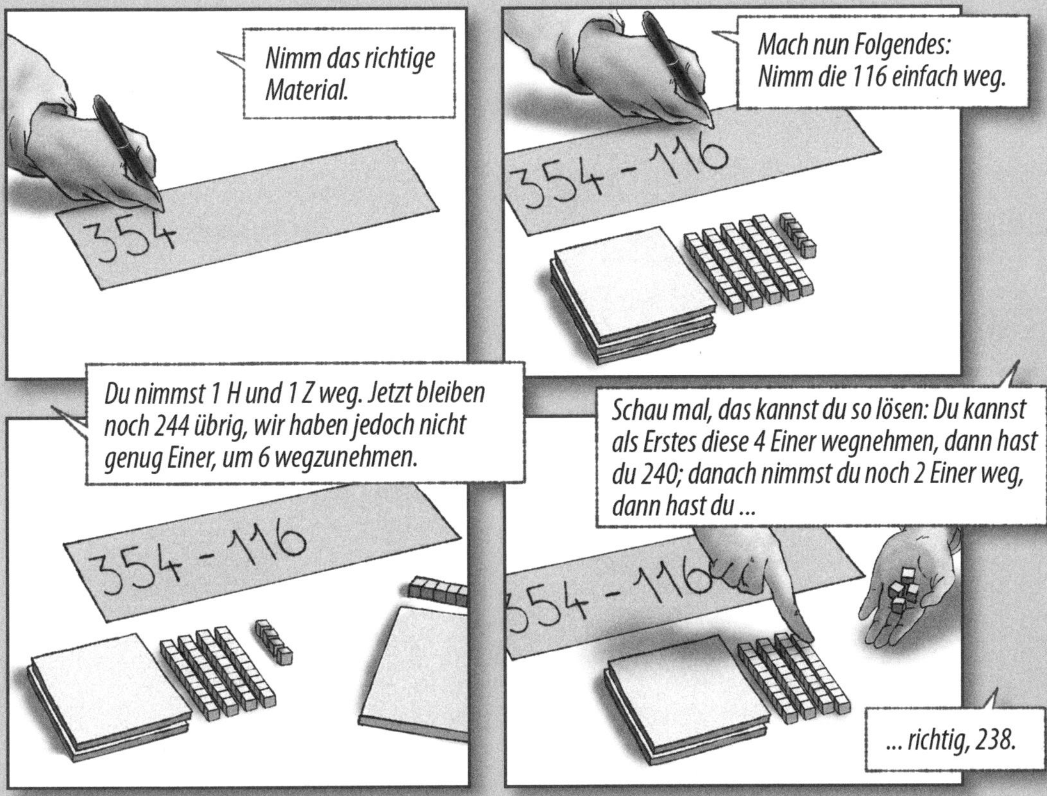

Der letzte Zehner wird bei der materiellen Handlung nicht wirklich eingetauscht. Die erforderlichen Einer werden einfach abgedeckt. Beim geringsten Zweifel des Kindes tauschen Sie selbstverständlich tatsächlich um. Dies wird jedoch nur selten nötig sein.

Die Vorgehensweise beim Addieren ist etwas anders. Die folgenden Zeichnungen verdeutlichen dies:

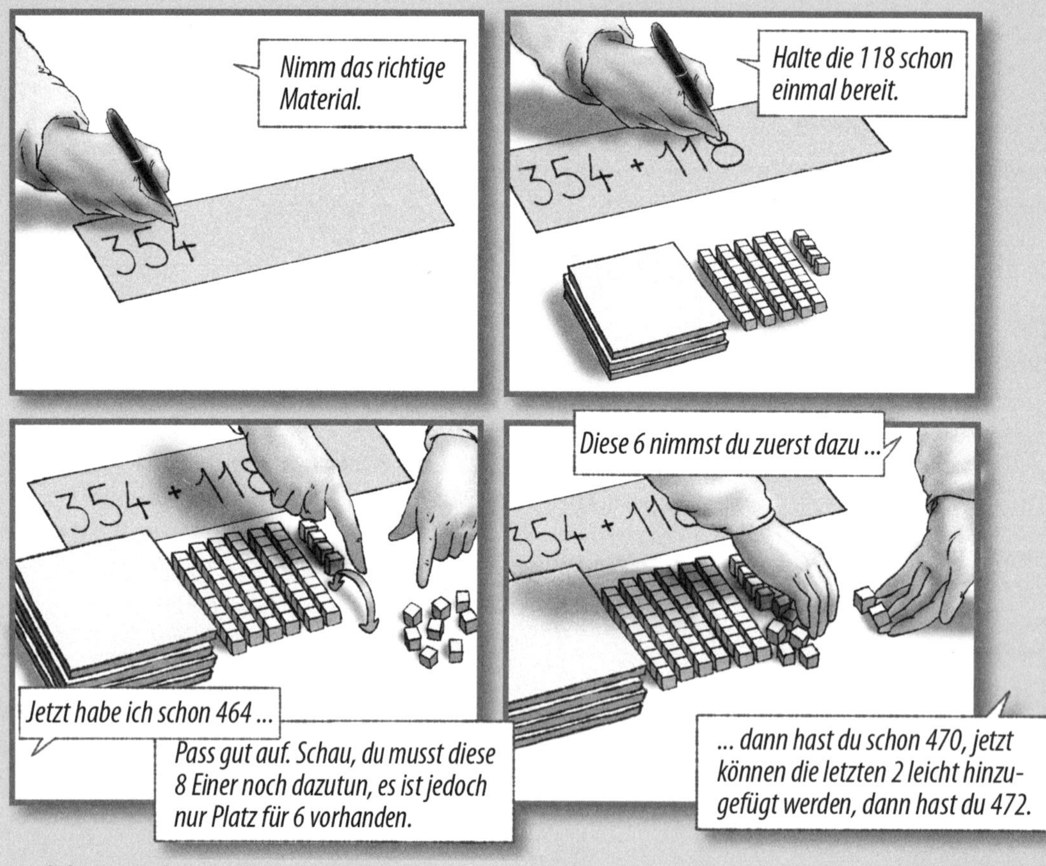

Auch hier werden die Einer nicht gegen einen vollen Zehner eingetauscht, es sei denn, dass es für die jeweiligen Kinder unbedingt erforderlich ist.

➜ *Wenn wir effektiv mit dem Umtauschen beginnen, können die Kinder häufig nicht aufhören, zählend zu rechnen. Sobald der Umtauschvorschlag ausreicht, ist es auch für Sie eine beruhigende Feststellung, dass die Kinder bereits ein großes Stück des Weges hin zum Kopfrechnen zurückgelegt haben.*

Dann folgt das Einüben

Spiel: „Lotto mit Überschreiten einer Einheit"

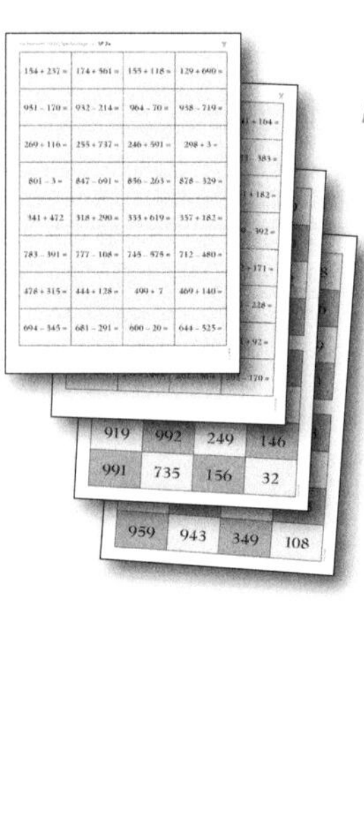

Material
· Spielmaterial SP 7a, b, c und d: Lotto + und – mit Überschreiten
· 10 Einer, 10 Zehner und 10 Hunderter je Kind

Anzahl Spieler 2-4

Vorbereitung Drucken Sie für jede Kindergruppe die Karten mit den Rechenaufgaben aus. Schneiden Sie die Karten aus und legen Sie diese mit der Rückseite nach oben in die Mitte des Spielfeldes.
Drucken Sie für jedes Kind eine andere Lottokarte aus. Die Kinder legen diese so vor sich hin, dass sie die Ergebnisse sehen können.

Spielablauf Der Reihe nach zieht jedes Kind eine Rechenaufgabenkarte und löst die Aufgabe im Kopf. Vor allem in der Anfangsphase des Spiels kontrolliert ein anderes Kind das Ergebnis mit Hilfe des Materials.
Alle Kinder schauen auf ihrer Lottokarte nach, ob die Antwort darauf zu finden ist. Jede Rechenaufgabe stimmt nur mit einem einzigen Ergebnis überein. Wer das Ergebnis hat, legt die Karte umgedreht darauf.

Wer gewinnt Wer als Erster 4 Zahlen in einer Reihe abdecken kann, gewinnt das Spiel. Diese Reihe darf sowohl horizontal, vertikal als auch diagonal verlaufen.

Spiel: „Zirkusvorstellung"

Material
- Spielmaterial SP 8a bis 8h: Zirkusvorstellung
- 10 Einer, 10 Zehner und 10 Hunderter je Kind
- 1 Kontrollkarte je Kind (Kartenverkauf)

Anzahl Spieler 2-4

Spielgeschichte Ein Zirkusdirektor will einmal im Jahr kostenlos in einem der vier (oder zwei oder drei – je nach Anzahl der Spieler) Dörfer eine Vorstellung anbieten, damit möglichst viele Kinder den Zirkus besuchen können.
Er stellt nur eine einzige Bedingung: Möglichst alle Sitzplätze des Zeltes sollen belegt sein.
Jedes Jahr stellt sich natürlich wieder die Frage, in welches Dorf der Zirkus reisen soll. Der Direktor (Spielleiter) bittet die Bürgermeister, Folgendes zu spielen:

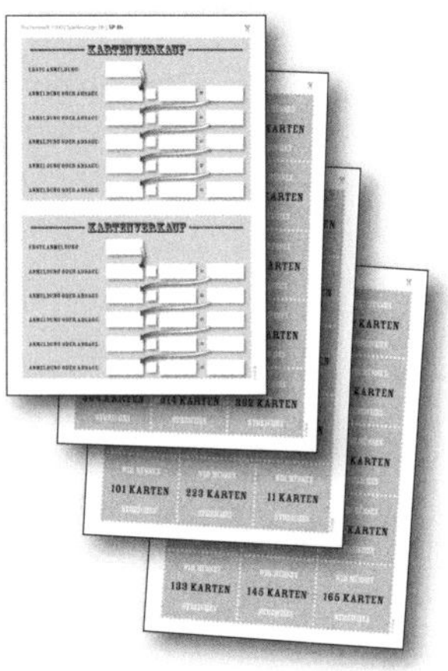

Spielablauf Zunächst wird entschieden, in welchem Zelt gespielt wird, indem eines der Kinder eine Zeltkarte zieht. Diese wird in die Mitte des Spielfeldes gelegt. Jedes Kind kann somit die maximale Anzahl Sitzplätze des Zeltes sehen. Mehr Personen dürfen nicht in das Zelt hinein.
Antragskarten: In den Dörfern dürfen sich Gruppen für den Besuch der Vorstellung anmelden. Sie teilen mit, mit wie viel Personen ihre Gruppe kommen will.
Abmeldekarten: Die Gruppen können aber auch wieder absagen.
Kontrollkarte „Kartenverkauf": Jedes Kind hat eine Kontrollkarte, auf der es die Zahl der Zuschauer notiert.
Alle mitspielenden Kinder sind Bürgermeister eines der Dörfer und versuchen, das Zirkuszelt so gut wie möglich zu füllen.
Dies geschieht folgendermaßen:
1.) Reihum zieht jeder Bürgermeister eine Antragskarte und notiert die Anzahl ganz oben auf seiner Kontrollkarte.
2.) In der nächsten Runde bestimmt jeder Bürgermeister, ob er eine Antrags- oder eine Abmeldekarte ziehen möchte. Die Bürgermeister ziehen gleichzeitig eine neue Karte. Nach jeder Ziehung berechnen die Bürgermeister das Total der Reservierungen.

Wer gewinnt Nach 6 Spielrunden werden die Kontrollkarten miteinander verglichen. Der Bürgermeister mit der am besten passenden Anzahl Zuschauer kann den Zirkus in seinem Dorf willkommen heißen und gewinnt das Spiel.

➜ *Sie können die Kontrollkarten während des Spiels offen oder verdeckt liegen lassen. Wenn alle Kontrollkarten offen liegen, können Sie die Rechenleistung jedes Kindes verfolgen, das Spielvergnügen geht jedoch teilweise verloren. Mit verdeckten Kontrollkarten können die Kinder durchblicken lassen, ob sie zu viele Zuschauer haben oder eben nicht.*

Spiel: „Quartett"

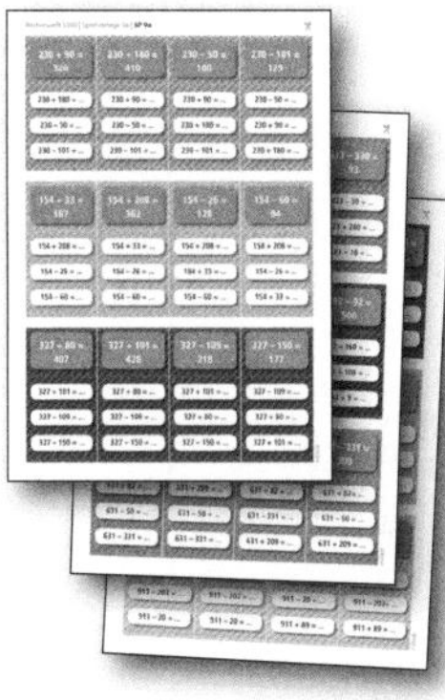

Material
- Spielmaterial SP 9a, b und c: Quartett
- 10 Einer, 10 Zehner und 10 Hunderter je Kind
- 1 Sichtschutz oder Kartenhalter je Kind

Anzahl Spieler 2-4

Vorbereitung Schneiden Sie die Quartettkarten aus festem Papier aus. Wenn Sie sie laminieren, können sie länger benutzt werden.
Erkundigungsphase pro Quartett (vier zusammengehörige Karten): Geben Sie den Kindern drei Karten eines Quartetts, die vierte Karte legen sie so hin, dass die Kinder die Aufgabe nicht sehen können. Weisen Sie die Kinder darauf hin, dass jede Rechenaufgabe einmal

oben steht und dass dies der Name der Karte ist. Machen Sie die Kinder auch darauf aufmerksam, dass sie auf jeder Karte die drei fehlenden Karten ablesen können. Fragen Sie die Kinder, welche Karte noch nicht aufgedeckt ist, und weisen Sie sie darauf hin, dass die Quartette jeweils zusammengehören, weil deren Ausgangszahl gleich ist.

Spielablauf Jedes Kind nimmt 7 Karten, ohne sich diese anzusehen. Die restlichen Karten bleiben mit der Rückseite nach oben auf einem Stapel in der Mitte des Spielfeldes liegen. Die Kinder stecken ihre 7 Karten vor sich in den Kartenhalter (oder legen sie hinter einem Sichtschutz aus) und ordnen sie so, dass die Karten mit der gleichen Ausgangszahl eine Gruppe bilden.

Das Kind, das an der Reihe ist, darf einen beliebigen Mitspieler nach einer Karte fragen. Es darf nur unter der Voraussetzung nach einer Karte fragen, dass es selbst bereits Teile dieses Quartetts hat. Es gibt zwei Möglichkeiten:

1.) Das befragte Kind hat die gewünschte Karte. Der Fragesteller muss jetzt das Ergebnis nennen, welches das andere Kind kontrollieren kann. Nur bei einer richtigen Antwort erhält der Fragesteller diese Karte und darf weiterfragen.

2.) Das befragte Kind hat die gewünschte Karte nicht. Das Kind, das gefragt hat, nimmt eine Karte vom Stapel, schaut sie sich an und ordnet sie an der richtigen Stelle bei seinen Karten ein. Es ist jetzt nicht mehr an der Reihe. Jetzt ist das nächste Kind im Uhrzeigersinn an der Reihe (nicht das Kind, das nach einer Karte gefragt wurde; dies sorgt für mehr Ärger als Spaß am Spiel).

Wer gewinnt Je nach der zur Verfügung stehenden Zeit wird das Spiel nach einem oder mehreren Quartetten beendet.

Arbeitsblatt 3 und 4: „Sudoku", Addieren und Subtrahieren bis 1000

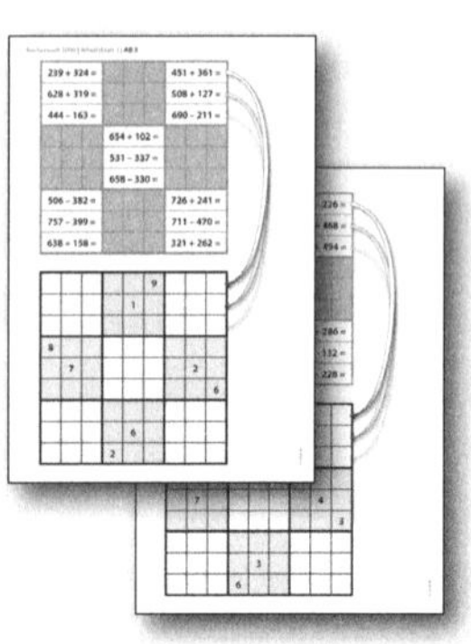

Material
- Arbeitsblatt AB 3 und AB 4: Sudoku
- 10 Einer, 10 Zehner und 10 Hunderter pro Kind
- Stift und Papier

Beschreibung Ein Sudoku ist ein japanisches Zahlenpuzzle, bei dem in jeder Reihe, in jeder Spalte und in jedem Block die Ziffern von 1 bis 9 nur einmal eingetragen werden dürfen. Bei einem klassischen Sudoku werden einige Ziffern vorgegeben, anhand dieser müssen die anderen Zahlen gesucht werden.

Auf unseren Arbeitsblättern befinden sich je zwei Sudokus. Das untere muss wie jedes andere Sudoku gelöst werden, es ist jedoch noch beinahe leer; im oberen stehen in einigen Quadraten Additions- und Subtraktionsaufgaben. Wenn die Kinder die Ergebnisse dieser Rechenaufgaben in das untere Sudoku übertragen, erhalten sie genügend Hinweise für das Eintragen der übrigen Zahlen.

Lösung AB 3:

5	6	3	4	7	9	8	1	2
9	4	7	8	1	2	6	3	5
2	8	1	6	3	5	4	7	9
8	3	2	7	5	6	1	9	4
6	7	5	1	9	4	3	2	8
4	1	9	3	2	8	7	5	6
1	2	4	5	8	3	9	6	7
3	5	8	9	6	7	2	4	1
7	9	6	2	4	1	5	8	3

Lösung AB 4:

4	9	2	8	7	5	3	1	6
5	8	7	3	1	6	9	2	4
6	3	1	9	2	4	8	7	5
8	2	4	7	5	3	1	6	9
3	7	5	1	6	9	2	4	8
9	1	6	2	4	8	7	5	3
2	6	9	4	8	7	5	3	1
7	4	8	5	3	1	6	9	2
1	5	3	6	9	2	4	8	7

Multiplizieren

■ Verknüpfung der Rechenaufgaben mit der zugrunde liegenden Wirklichkeit

Auch wenn viele Kinder die Einmaleinsreihen kennen, so erschrecken die meisten von ihnen doch über die plötzliche Erweiterung zum Multiplizieren größerer Zahlen. Sie wiederholen am besten mit den Kindern kurz die Grundlage des Multiplizierens. Wenn Sie feststellen, dass die Einmaleinsreihen nicht genügend bekannt sind, empfiehlt es sich, vorher noch eine Übungsphase einzuschieben. Wenn das Automatisieren der Einmaleinsreihen jedoch nicht möglich ist, empfiehlt es sich, eine Hilfskarte einzuführen. Dies wird im Kapitel Fortgeschrittenes Rechnen besprochen (Seit 77). Multiplizieren ist im Prinzip wiederholtes Addieren derselben Menge. Dies ist auch die Verknüpfung, die in der folgenden Grundübung angewendet wird.

Grundübung

Verknüpfung einer großen Multiplikation mit der zugrunde liegenden Wirklichkeit

Sie legen genügend Z und E bereit und bieten dem Kind die Aufgabe 3 • 43 an. Sie sagen:

Komm, lass und das zusammen machen. Hier steht, dass wir 3-mal eine Gruppe von 43 nehmen müssen. Nimmst du mal das richtige Material?

Wenn das Kind es nicht schafft, 3 Gruppen von 43 zu nehmen, helfen Sie ihm. Anschließend ordnen Sie zusammen mit dem Kind die Einheiten.

Sie fahren fort:

Wenn wir die Antwort für diese Aufgabe suchen, müssen wir das ganze Material zusammenzählen. Tausche immer 10 Zehner gegen einen Hunderter ein. Schau mal, jetzt siehst du gut, dass 3 • 43 genauso viel wie 129 ist.

Wiederholen Sie dies einige Male mit anderen Aufgaben (zum Beispiel 5 • 106 // 4 • 51 // ...)

Spiel: „Multiplikationen raten"

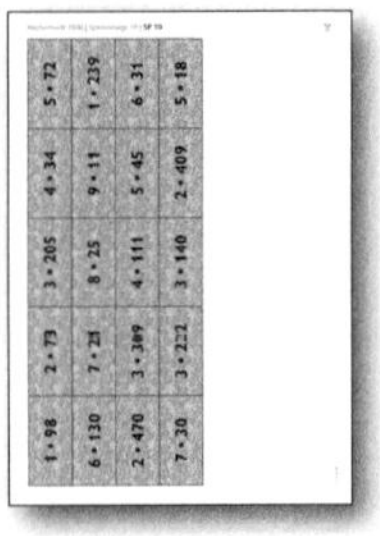

Material
- Spielmaterial SP 10: Multiplikationen raten
- genügend Einer, Zehner und Hunderter für jede Kindergruppe

Anzahl Spieler 2-4

Vorbereitung Drucken Sie die Aufgabenkarten für jede Kindergruppe aus. Schneiden Sie die Karten aus und legen Sie diese mit der Rückseite nach oben in die Mitte des Spielfeldes.

Spielablauf Ein Kind zieht eine Aufgabenkarte, ohne dass die anderen diese sehen. Es führt die Aufgabe mit dem Dienes-Material aus und die anderen Kinder versuchen anhand der Handlung, die Aufgabe auf der Karte zu erraten. Das erste Kind im Uhrzeigersinn, das die Rechenaufgabe richtig errät, darf die nächste Karte ziehen.

Wer gewinnt Bei diesem Spiel gibt es keinen Sieger, für die meisten Kinder bietet das Handeln an sich eine ausreichende Herausforderung.

→ *Wenn wir den Kindern genügend Zeit lassen, mit dem Material diese Aufgaben auszuführen, ohne uns auf das Endergebnis zu fokussieren, bieten wir ihnen die Möglichkeit, bei komplexeren Aufgaben auch noch unterstützend auf die Erinnerung an die Handlung zurückzugreifen. Dieses Spiel nimmt Zeit in Anspruch, wir gewinnen damit jedoch in einem etwas fortgeschritteneren Stadium viel Zeit.*

■ Multiplikationen des Typs E • ZE

Grundlage

Grundübung

Einfache Multiplikationen des Typs E • ZE

Sie geben dem Kind jetzt eine Multiplikation des beschriebenen Typs (in unserem Beispiel 4 • 32), sorgen allerdings dafür, dass das Material nicht mehr bereitliegt. Sie helfen dem Kind mit Gesten. Dies kann folgendermaßen geschehen:

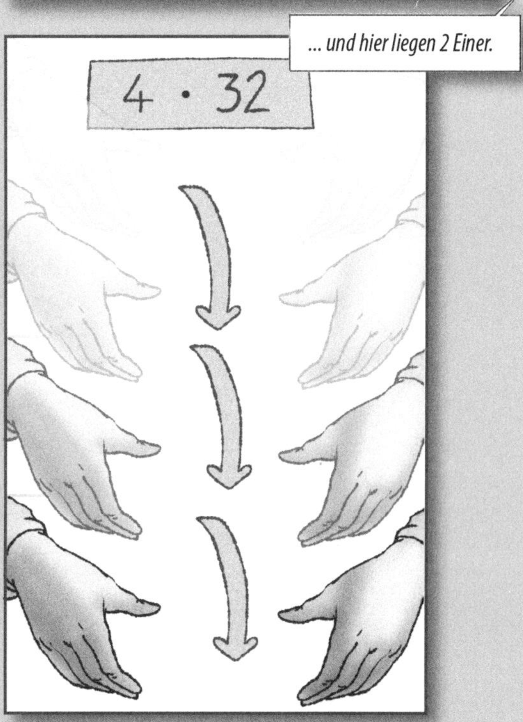

Anschließend helfen Sie dem Kind, den Schritt von 12 Zehnern (4 • 3 Zehner = 12 Zehner) nach 120 zu machen.

Und nun kommt der letzte Schritt. Sie helfen dem Kind, zu den 120 auch die 4 • 2 Einer hinzuzufügen und so zum korrekten Ergebnis 128 zu kommen.

Wenn Kinder sich das Material nicht vorstellen können, muss mit ihnen die vorhergehende Grundübung länger durchgenommen werden. Wenn Sie feststellen, dass es den Kindern nicht gelingt, die 12 Zehner in 120 (Einer) umzuwandeln, besteht ein Defizit auf der Ebene der Einsicht in die Zehnerstruktur unseres Zahlensystems. Dann empfiehlt es sich, Kapitel 2 dieses Buches erneut durchzunehmen.
Die tatsächlich neu hinzugekommene Schwierigkeit dieser Grundübung besteht im Zusammenfügen von Zwischenergebnissen. Die meisten Kinder sind durchaus auf Unterstützung angewiesen.

Einprägen der Zwischensummen über ein Notationsschema

Um die Zwischensummen zu behalten, bieten die meisten Rechenmethoden Notationsschemata an. Wenn die Kinder diese Schemata begreifen und mit der zugrunde liegenden Wirklichkeit verknüpfen können, gibt es kein Problem. Schwieriger wird es, wenn ein nicht verstandenes Schema trotzdem ausgeführt werden soll. Sie haben zwei Möglichkeiten den Kindern zu helfen: Entweder helfen Sie ihnen, das im Klassenverband angewendete Schema zu begreifen (und folglich mit der zugrunde liegenden Wirklichkeit zu verknüpfen) oder Sie helfen beim Suchen eines für sie geeigneten und gut verstandenen Schemas.

➜ *Das größte Elend entsteht, wenn ein Notationsschema kein Hilfsmittel mehr ist, sondern zu einem Ziel an sich wird. Dies geschieht, wenn Lehrpersonen von einer Methode so überzeugt sind, dass jedes Kind ausnahmslos Einsicht über dieses Rechenschema erhalten soll. Wenn dies trotzdem nicht gelingt, wird dem Kind die Verantwortung dafür gegeben, nicht dem Schema. Dann nimmt es kein gutes Ende.*

Die Verknüpfung eines bestehenden Schemas mit der zugrunde liegenden Wirklichkeit verläuft stets in analoger Weise. Das Kind führt die materielle Handlung aus und Sie unterbrechen das Verfahren immer wieder, um diesen bewussten Schritt zu notieren.
Wenn Sie mit dem Kind zusammen eine Notationsweise suchen, können Sie verschiedene Notationen vorschlagen und immer wieder besprechen. Zusammen suchen bedeutet hier im wahrsten Sinne des Wortes zusammen suchen.

Grundübung

Verknüpfen eines Notationsschemas mit der zugrunde liegenden Wirklichkeit

Sie fordern das Kind auf, die Aufgabe 6 • 36 so auszurechnen, wie Sie es gerade gemacht haben. Bei jedem Schritt bauen Sie das Notationsschema auf. Wenn Sie dabei für die Versprachlichung sorgen, bieten Sie dem Kind eine zusätzliche Chance auf Erkenntnis.

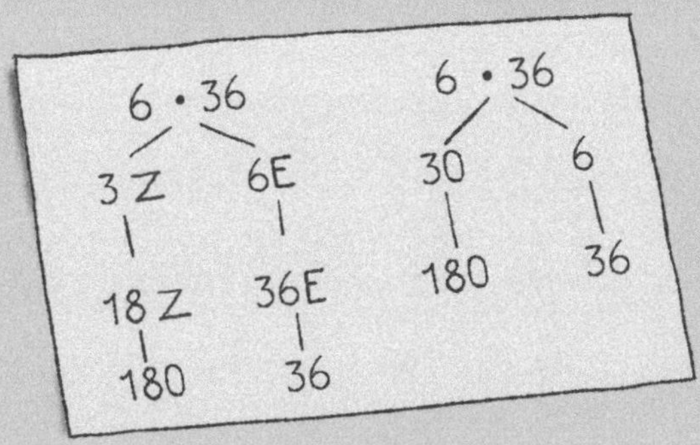

Die Rechenaufgabe 6 • 36 liegt vor dem Kind. Das Kind liest: „6 mal 36; zuerst nehme ich 6 mal 30", und es zeigt mit den Händen auf die Zehnergruppen.

Sie antworten: „Schön, du nimmst zuerst 6 mal die 3 Zehner, schau, das kann ich aufschreiben. Weißt du auch, wie viel das zusammen ist?

Das Kind antwortet: „Das sind 18 Zehner."

Sie antworten: „Richtig, und 18 Zehner, das sind eigentlich 180. Schau mal, das kann ich hier aufschreiben. Wie gehst du jetzt weiter vor?"

Das Kind fährt fort: „Ich muss noch die Einer nehmen, noch 6 Gruppen von 6 Einern."

Sie reagieren: „Sehr schön, schau, wir notieren hier, dass du 6 • 6 Einer genommen hast. Wie viel ist das zusammen? Jetzt müssen wir nur noch diese beiden Gruppen zusammenfügen. Das kannst du hier sehen. Wie viel hast du dann insgesamt?

Das Kind kann jetzt die Summe 180 + 36 = 216 ausrechnen.

Sie enden mit: „Also: 6 • 36 = 216."

Freies Notieren von Zwischensummen

Manche Kinder sehen den Zusammenhang eines Notationsschemas nicht. Für sie ist es manchmal viel einfacher, die beiden Zwischensummen ziemlich willkürlich auf einen Zettel zu schreiben. Diese Notationsweise ist letztendlich ebenfalls ein Zwischenschritt, um sich nach einiger Zeit vom ausführlicheren Schema zu lösen.

Einüben

Spiel: „Quartett"

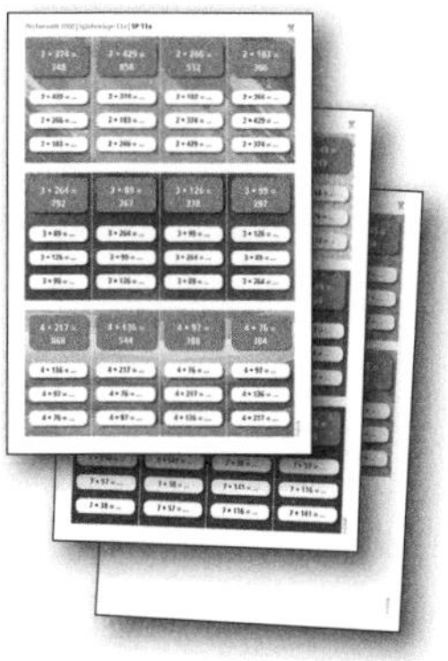

Material
- Spielmaterial SP 11a, b und c: Quartett Multiplikationen
- genügend Einer, Zehner und Hunderter je Kind
- für jedes Kind Stift und Papier

Anzahl Spieler 2-4

Vorbereitung Schneiden Sie die Quartettkarten aus festem Papier aus. Wenn Sie sie laminieren, können sie länger benutzt werden.
Erkundigungsphase pro Quartett (vier zusammengehörige Karten): Geben Sie den Kindern drei Karten eines Quartetts, die vierte Karte legen sie so hin, dass die Kinder die Aufgaben nicht sehen können. Weisen Sie die Kinder darauf hin, dass jede Rechenaufgabe einmal oben steht und dass dies der Name der Karte ist. Machen Sie die Kinder

auch darauf aufmerksam, dass sie auf jeder Karte die drei fehlenden Karten ablesen können. Fragen Sie die Kinder, welche Karte noch nicht aufgedeckt ist, und weisen Sie sie darauf hin, dass die Quartette jeweils zusammengehören, weil deren Ausgangszahl gleich ist.

Spielablauf Jedes Kind nimmt 7 Karten, ohne sich diese anzusehen. Die restlichen Karten bleiben mit der Rückseite nach oben auf einem Stapel in der Mitte des Spielfeldes liegen. Die Kinder stecken ihre 7 Karten vor sich in den Kartenhalter (oder legen sie hinter einem Sichtschutz aus) und ordnen sie nach Farben.

Das Kind, das an der Reihe ist, darf einen beliebigen Mitspieler nach einer Karte fragen. Es darf nur unter der Voraussetzung nach einer Karte fragen, dass es selbst bereits Teile dieses Quartetts hat. Es gibt zwei Möglichkeiten:

1.) Das befragte Kind hat die gewünschte Karte. Der Fragesteller muss jetzt die Aufgabe – eventuell auf Papier – ausrechnen, das andere Kind kontrolliert das Ergebnis. Nur wenn das Ergebnis richtig ist, erhält der Fragesteller diese Karte und darf weiterfragen.

2.) Das befragte Kind hat die gewünschte Karte nicht. Das Kind, das gefragt hat, nimmt eine Karte vom Stapel, schaut sie sich an und ordnet sie an der richtigen Stelle bei seinen Karten ein. Es ist jetzt nicht mehr an der Reihe. Jetzt ist das nächste Kind im Uhrzeigersinn an der Reihe (nicht das Kind, das nach einer Karte gefragt wurde; dies sorgt für mehr Ärger als Spaß am Spiel).

Wer gewinnt Je nach der zur Verfügung stehenden Zeit wird das Spiel nach einem oder mehreren Quartetten beendet.

Spiel: „Domino"

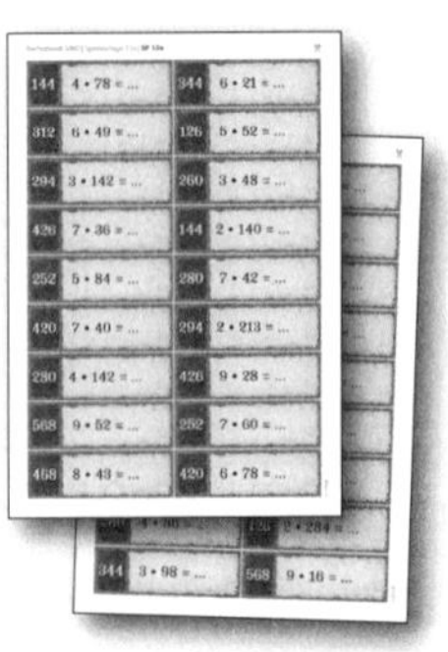

Material
- Spielmaterial SP 12a und b: Domino
- genügend Einer, Zehner und Hunderter je Kind
- für jedes Kind einen wasserlöslichen Stift, Bleistift und Papier
- 1 Sichtschutz für jedes Kind

Anzahl Spieler 2-4

Vorbereitung Drucken Sie die Aufgaben auf festem Papier aus, schneiden Sie sie aus und laminieren Sie diese ggf.

Spielablauf Alle Karten werden verdeckt in die Mitte des Spielfeldes gelegt. Jedes Kind zieht fünf Karten, legt sie hinter seinem Sichtschutz offen vor sich hin und trägt die Ergebnisse der Aufgaben ein. Der Sichtschutz verhindert, dass die Mitspieler die Antworten sehen können.

Das Kind, das zuerst seine Karten ausgerechnet hat, zieht zwei zusätzliche Karten, rechnet auch diese aus und legt sie als Startkarten in die Mitte des Spielfeldes.

Die übrigen Aufgabenkarten werden auf einen Stapel ebenfalls in die Spielfeldmitte gelegt. Reihum versuchen alle Kinder eine Karte anzulegen. Gelingt dies, ist das nächste Kind an der Reihe. Gelingt dies nicht, muss das Kind, das an der Reihe ist, eine zusätzliche Karte vom Stapel nehmen und die Aufgabe lösen. Es ist erst in der nächsten Runde wieder an der Reihe.

Wer gewinnt Wer als Erster alle seine Karten abgelegt hat, gewinnt das Spiel.

Dividieren

Teilen ist nicht nur im sozialen, sondern auch im rechnerischen Bereich eine komplexe Fertigkeit. Das hängt vor allem mit der zwiespältigen Beziehung des Dividierens zur Wirklichkeit zusammen. Ich erkläre dies:

Wer 12 Elemente auf 3 gleiche Gruppen verteilt, hat in jeder Gruppe 4 Elemente. Diese Änderung der Menge wird in der Division 12 : 3 = 4 beschrieben. Inoffiziell wird dies als Verteilungsdivision bezeichnet.

Aber auch derjenige, der die 12 Elemente auf Gruppen von 3 verteilt und auf diese Weise feststellt, dass 4 Gruppen von 3 zwölf ergeben, beschreibt diese Änderung der Menge mit der Division 12 : 3 = 4. Diese Divisionsart wird als Verhältnisdivision bezeichnet.

➜ *Diese Tatsache wird auch im Praxisbuch 2 der Rechenwelt bis 100 ausführlich besprochen.*

Auch in der Rechenwelt bis 1000 werden beide Divisionsarten durcheinander angewendet. Wer die Aufgabe 360 : 3 lösen will, ist eher geneigt, das Material auf 3 gleiche Gruppen zu verteilen. Wer jedoch 360 : 60 darstellen will, wird sich eher dafür entscheiden, die Zahl der Gruppen von 60 zu zählen.
Die Praxiserfahrung lehrt, dass die direkte Verknüpfung mit dem Material am besten über das Verteilungsdividieren stattfindet. Dies korrespondiert am besten mit dem Einblick in die Anfänge des Bruchrechens, das in vielen Lehrplänen etwa zu diesem Zeitpunkt angesetzt wird. Die Verhältnisdivision steht dann später auf dem Plan, wenn allmählich die Lösung vom Material stattfindet.

■ Wiederholung der anfänglichen Teilungsreihen

Kinder vergessen die Teilungsreihen noch leichter als die Einmaleinsreihen.
Wenn Sie die Verknüpfung mit der Wirklichkeit auf einer höheren Ebene herstellen wollen, empfiehlt es sich, vorher kurz das Dividieren aufzufrischen. Dies ist mit Hilfe des folgenden Spiels möglich.

Spiel: „Achterbahn"

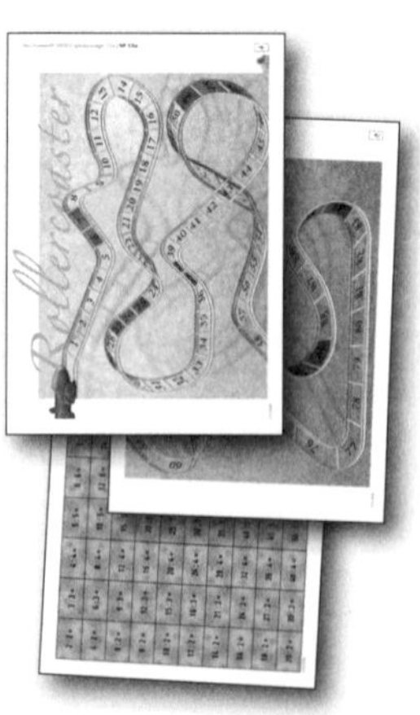

Material
- Spielmaterial SP 13a und b: Spielbrett
- Spielmaterial SP 13c: Divisionen
- 1 Spielstein je Kind

Anzahl Spieler 2-4

Vorbereitung Drucken Sie die Spielbrettvorlage aus und setzen Sie die beiden Teile zusammen. Drucken Sie die Karten für die Divisionen auf festes Papier und schneiden Sie sie aus. Laminieren Sie das Spielmaterial gegebenenfalls. Geben Sie jedem Kind einen Spielstein und legen Sie das Spielbrett in die Mitte des Tisches.

Spielablauf Die Kinder ziehen reihum eine Division und lösen sie. Der Quotient entscheidet darüber, wie viele Felder der Spielstein vorgerückt werden darf.

Wer gewinnt Wer als Erster das Ziel erreicht, gewinnt das Spiel.

■ Reine Divisionen des Typs 246 : 6

Für Kinder ist es nicht offenkundig, tatsächlich zu erfassen, wie 24 : 6 und 240 : 6 zusammengehören. Die Gefahr ist groß, dass es in ihren Augen lediglich um die „Nullen" geht und weil „Null nichts ist" besteht die Gefahr der Einstellung „das ist dasselbe". Das Dienes-Material macht den wesentlichen Unterschied deutlich.

Grundübung

Einsicht in den Unterschied zwischen 24 : 6 und 240 : 6

Sorgen Sie dafür, dass Sie genügend Einer, Zehner und Hunderter haben. Im Beispiel benötigen Sie mindestens 24 Einer, 24 Zehner und 2 Hunderter. Sie schreiben die Aufgabe 24 : 6 auf und fordern eines der Kinder auf, dies mit dem Material darzustellen. Wenn das Kind keine 24 Einer nimmt und diese in 6 gleiche Gruppen aufteilt, arbeiten Sie zunächst eine Weile die Divisionen in der Rechenwelt bis 100 durch. Wenn dies klappt, können Sie folgendermaßen fortfahren:

Sie sagen: „Gut, wenn du 24 Würfel auf 6 gleiche Gruppen verteilst, liegen in jeder Gruppe 4 Würfel. Jetzt musst du mal schauen, wie du 240 : 6 lösen kannst. Nimm schon einmal 240."

Wenn das Kind Anstalten macht, 240 Einer zu nehmen und sich nicht spontan korrigiert, indem es 2 H und 4 Z nimmt, empfiehlt es sich, den ersten Teil dieses Buches mit dem Kind erneut durchzunehmen.

Sie fahren fort: „Prima, du hast jetzt 240. Verteile sie auf 6 gleiche Gruppen. Kannst du jeder Gruppe einen Hunderter geben?"

Kind: „Nein, aber ich kann die Hunderter gegen Zehner eintauschen."

Sie antworten: „Sehr schön, wie viele Zehner hast zu jetzt insgesamt?"

Kind: „24."

Sie: „Richtig, 24 Zehner. Wenn du diese auf 6 Gruppen verteilst, wie viel kannst du dann jeder Gruppe geben?"

Kind: „4."

Sie: „Stimmt, aber diese 4 sind Zehner, und zwar 4 Zehner, das sind eigentlich 40. Also: 240 : 6 = 40."

Sobald Sie diese Aufgaben ausgeführt haben, können Sie die Kinder in Gruppen Aufgaben des Typs 455 : 5 und 315 : 3 lösen lassen. Achten Sie darauf, dass keine Divisionen mit Rest ausgeführt werden müssen.

Arbeitsblatt 5 und 6: Divisionen verbinden

Material
- Arbeitsblatt AB 5 und AB 6: Divisionen verbinden
- 100 Einer, 80 Zehner und 10 Hunderter je Gruppe Kinder
- Stift und Papier

Beschreibung Die Arbeitsblätter 5 und 6 enthalten links Divisionsaufgaben, rechts ist das dazugehörige Material gezeichnet, aber nicht in der gleichen Reihenfolge wie die Aufgaben.

Vorbereitung Kopieren Sie die Blätter oder drucken Sie sie aus. Zur Unterstützung oder Überprüfung dürfen die Kinder – wenn nötig – das Dienes-Material benützen. Die Kinder arbeiten jedes für sich an einem Arbeitsblatt.

Anweisung Verbinde jede Rechenaufgabe mit der passenden Zeichnung. Wenn du möchtest, darfst du deine Lösungen mit dem Dienes-Material überprüfen.

Spiel: „Quartett Divisionen"

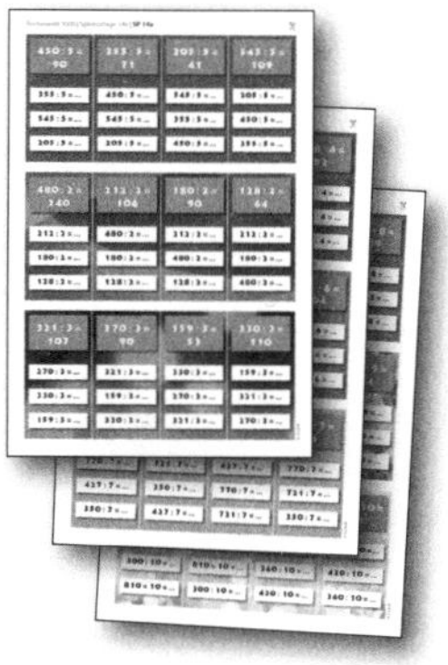

Material
- Spielmaterial SP 14a, b und c: Quartett Divisionen
- genügend Einer, Zehner und Hunderter für jede Spielergruppe

Anzahl Spieler 2-4

Vorbereitung Schneiden Sie die Quartettkarten aus festem Papier aus. Wenn Sie sie laminieren, können sie länger benutzt werden.

Erkundigungsphase pro Quartett (vier zusammengehörige Karten): Geben Sie den Kindern drei Karten eines Quartetts, die vierte Karte legen sie so hin, dass die Kinder die Aufgaben nicht sehen können. Weisen Sie die Kinder darauf hin, dass jede Rechenaufgabe einmal oben steht und dass dies der Name der Karte ist. Machen Sie die Kinder auch darauf aufmerksam, dass sie auf jeder Karte die drei fehlenden Karten ablesen können. Fragen Sie die Kinder, welche Karte noch nicht aufgedeckt ist, und weisen Sie sie darauf hin, dass die Quartette jeweils zusammengehören, weil deren Ausgangszahl gleich ist.

Spielablauf Jedes Kind nimmt 7 Karten, ohne sich diese anzusehen. Die restlichen Karten bleiben mit der Rückseite nach oben auf einem Stapel in der Mitte des Spielfeldes liegen. Die Kinder stecken ihre 7 Karten vor sich in den Kartenhalter (oder legen sie hinter einem Sichtschutz aus) und ordnen sie nach Farben.

Das Kind, das an der Reihe ist, darf einen beliebigen Mitspieler nach einer Karte fragen. Es darf nur unter der Voraussetzung nach einer Karte fragen, dass es selbst bereits Teile dieses Quartetts hat. Es gibt zwei Möglichkeiten:

1.) Das befragte Kind hat die gewünschte Karte. Der Fragesteller muss jetzt die Aufgabe ausrechnen; dies darf mit dem Material oder auf Papier geschehen. Das andere Kind kontrolliert das Ergebnis. Nur wenn das Ergebnis richtig ist, erhält der Fragesteller diese Karte und darf weiterfragen. Ansonsten ist das nächste Kind an der Reihe.

2.) Das befragte Kind hat die gewünschte Karte nicht. Das Kind, das gefragt hat, nimmt eine Karte vom Stapel, schaut sie sich an und ordnet sie an der richtigen Stelle bei seinen Karten ein. Es ist jetzt nicht mehr an der Reihe. Jetzt ist das nächste Kind im Uhrzeigersinn an der Reihe (nicht das Kind, das nach einer Karte gefragt wurde; dies sorgt für mehr Ärger als Spaß am Spiel).

Wer gewinnt Je nach der zur Verfügung stehenden Zeit wird das Spiel nach einem oder mehreren Quartetten beendet.

4. Schriftliches Rechnen

4. Schriftliches Rechnen

Einführung

Kaufmannsrechnen

In den Niederlanden wird das schriftliche Rechnen etwas geringschätzig als „Kaufmannsrechnen" abgestempelt. Auch in der Schweiz, in Deutschland und in Belgien gibt es Stimmen, die für das schriftliche Rechnen einen Platz im Museum reservieren möchten. Trotzdem ist diese Rechenstrategie – wenn wir uns an spezielle Spielregeln halten – für viele Kinder besonders nützlich. Dafür ist es notwendig, dass wir Folgendes im Kopf behalten:

Es besteht ein wichtiger Unterschied zwischen Mathematik und Rechnen. Rechnen wenden wir an, um das Ergebnis einer Veränderung von Mengen vorherzusagen, und Mathematik, um über die Gesetzmäßigkeiten dieser Vorhersagen nachzudenken. Zunächst konzentriert sich das Rechnen auf die Ergebnisse, das mathematische Denken konzentriert sich auf den Weg, um diese Ergebnisse zu erhalten. Je stärker unsere mathematische Einsicht wird, umso untergeordneter wird die Rolle des Rechnens. Am Ende wird beim fortgeschrittenen mathematischen Denken das Rechnen nur noch zur Berechnung von Zwischen- und Endsummen eingesetzt.

Historisch gesehen gab es zu Beginn des vorigen Jahrhunderts nur eine Handvoll Mathematiker, während Millionen von Kaufleuten täglich dafür sorgen mussten, dass ihre Rechnungen stimmten. Der Unterricht konzentrierte sich deshalb auch völlig auf das Erlernen des Rechnens. Faktenkenntnis, ein festes Notationssystem, Sicherheit und Korrektheit – das war Rechnen. Eins plus eins war stets zwei. Das klassische schriftliche Rechnen wurde von einer straffen Formgebung aus ausgeführt. Jedes Land hatte seine, jede Methode hatte ihre Strategie, und nach dieser musste das Kind – auf jeden Fall in der Einübungsphase – vorgehen.

Die technologische Entwicklung und die Verschiebung hin zur Wissensgesellschaft vergrößerten den Bedarf an einer fortgeschrittenen Mathematikausbildung. Der Rechenunterricht begann immer stärker auf der Realität aufzubauen und wurde verstärkt als eine Anlaufphase für die Entwicklung des mathematischen Denkens betrachtet. Sehr schnell wurde klar, dass diese Akzentverschiebung auch auf andere Wissensgebiete einen positiven Einfluss hat. Kinder entwickeln flexiblere Denkstrategien. Die neuesten Rechenmethoden gehen darauf ein und regen die Kinder an, ihre Rechenstrategien zu beobachten und zu versprachlichen und die Aufgaben auf verschiedene Art und Weise zu lösen. Schriftliches Rechnen scheint in diesem Zusammenhang – vor allem, wenn es in der klassischen Manier angewendet wird – ein Anachronismus zu sein. Die Rigidität bremst das flexible Denken.

Dennoch eine Reihe von Vorteilen

Obgleich das schriftliche Rechnen das mathematische Denken eher bremst als stimuliert, bietet es im rechnerischen Bereich einige entscheidende Vorteile.

Vereinfachung der Rechenfertigkeit

Um schriftlich rechnen zu können genügt es, das Addieren und Subtrahieren bis 20 und die Einmaleinsreihen bis 10 zu kennen, mit anderen Worten: Schulstoff Ende 1. bis 2. Schuljahr. Es ist für Kinder – insbesondere für die Pechvögel, die sich das Rechnen nur mit größter Mühe aneignen – eine faszinierende Entdeckung, dass sich unter Anwendung einer Reihe von Tricks die größten Zahlen addieren, subtrahieren und multiplizieren lassen.

Deutliches Notationsschema

Das schriftliche Rechnen beruht auf strikten Formabsprachen, wohin die verschiedenen Zahlen geschrieben werden müssen. Unter der Voraussetzung, dass die Kinder die Verknüpfung zu der zugrunde liegenden Wirklichkeit herstellen können, ist ein Notationsschema ein wichtiger Vorteil. In jedem Land, manchmal sogar regional- oder methodengebunden, gelten andere Vereinbarungen. Trotzdem führt jedes dieser Notationsschemata zu demselben Ergebnis: Zahlen werden addiert, subtrahiert, multipliziert oder dividiert.

Möglichkeiten, um das korrekte, konzentrierte Arbeiten einzuüben

Das Stimulieren des mathematischen Denkens hat auch seine Kehrseite. Damit Kinder automatisieren können, müssen sie zu einem bestimmten Zeitpunkt zu einem wiederholten Üben kommen. Das schriftliche Rechnen bietet – innerhalb der Rechenwelt bis 1000 und höher – nachträglich noch die Chance, die nachvollziehbar erworbenen Rechenfertigkeiten eines niedrigeren Niveaus zu wiederholen. Vor allem impulsive Kinder finden es richtig lästig, konsequent alle Zwischenschritte auszuführen. Und doch ist es nützlich, ihnen dies ebenfalls beizubringen. Auch innerhalb der Mathematik muss immer wieder die Disziplin vorhanden sein, um Prozesse schrittweise zu durchlaufen. Ich denke dabei an die Lösung von Aufgaben mit verschiedenen Operatoren, den Umgang mit Brüchen, das Prozentrechnen usw.

Natürliche Differenzierung

Nicht alle Kinder gelangen zu einem umfassenden mathematischen Denken. Das „Kaufmannsrechnen" ist für sie keine schlechtere Wahl, es ist manchmal die einzige Wahl, um mit Mengen umzugehen.
Für Kinder, die zu mathematischer Einsicht gelangen, bleibt das schriftliche Rechnen eine praktische Möglichkeit, schnell Aufgaben mit größeren Zahlen auszuführen. Bei vielen Erwachsenen stelle ich fest, dass die Strategie des schriftlichen Rechnens dann nicht mehr auf Papier notiert wird, sondern noch immer der Leitfaden für schnelles Kopfrechnen ist.

Der Turm zu Babel

Das Paket der Vereinbarungen über das Notationsschema beim schriftlichen Rechnen ist also von Land zu Land und häufig von Methode zu Methode unterschiedlich. Es gibt keine guten und schlechten Notationsschemata. Vor allem in diesem Punkt ist die Kritik am schriftlichen Rechnen berechtigt. Wenn ein Kind keinen Einblick in ein bestimmtes Notationsschema hat, wendet es die Regeln gedankenlos an und es entsteht eine Kluft zwischen dem Stimulieren zum flexiblen Denken einerseits und dem sklavischen schriftlichen Rechnen andererseits. Gerade in diesem Punkt kann die Verwendung des Dienes-Materials einen sehr großen Unterschied ausmachen.

Die Auswahl in diesem Praxisbuch

Die verschiedenen Notationsschemata, die in diesem Praxisbuch besprochen werden, sind keine erschöpfende Aufzählung der gängigen Schemata in Europa; das ist jedoch an sich nicht wichtig. Es kommt viel mehr darauf an zu skizzieren, wie Sie die Kinder bei der Verknüpfung des schriftlichen Rechens über das tatsächliche Manipulieren der Mengen mit dem angewendeten Schema begleiten. Dies ist eine Arbeitsweise, die Sie auf jedes Paket der Vereinbarungen des schriftlichen Rechnens anwenden können.

Schriftliches Addieren und Subtrahieren

Zunächst ohne Überschreiten

Zur Gewöhnung an das Notationssystem empfiehlt es sich, dem Kind zu Beginn eine Rechenaufgabe zu geben, in welcher die Einheiten nicht überschritten werden. Sie können wie folgt vorgehen:

Grundübung

Schriftliches Addieren und Subtrahieren ohne Überschreiten

Schreiben Sie für das Kind eine Additionsaufgabe ohne Überschreitung auf, im Beispiel ist dies 327 + 461, und fordern Sie das Kind auf, das Dienes-Material zu benutzen. Das Kind wird das Material eventuell nebeneinander hinlegen. Fordern Sie das Kind auf, das Material so anzuordnen, dass die H unter den H, die Z unter den Z und die E unter den E liegen. Sie Schreiben die Zahlen jetzt untereinander angeordnet auf und bitten das Kind, die Zahlen zu benennen.

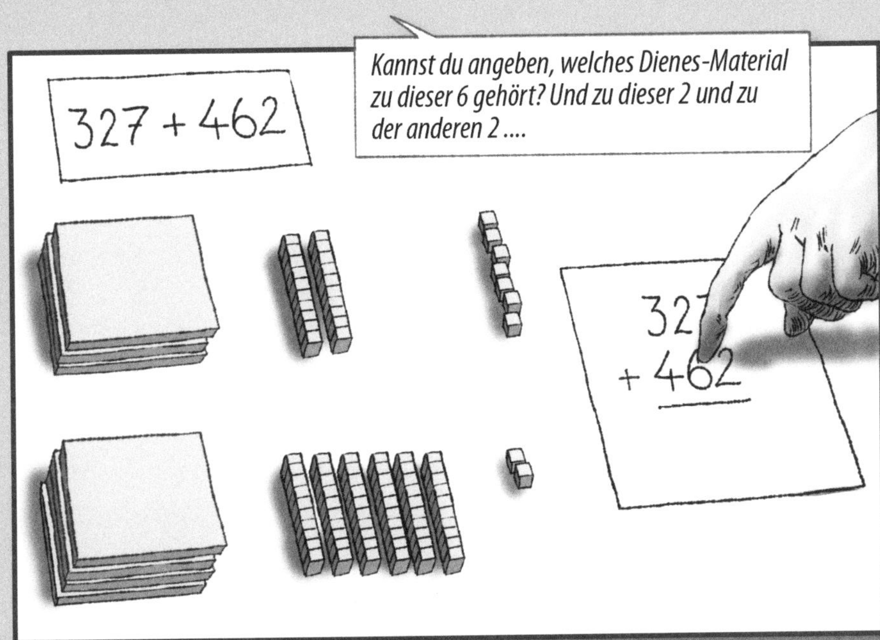

Sie können jetzt wie folgt fortfahren:

Du weißt jetzt also, wie diese Zahlen und dieses Material zusammengehören. Wenn du sie jetzt auch zusammenzählen willst (Sie schreiben jetzt ein +-Zeichen vor die zweite Zahl), müssen wir die E zu den E, die Z zu den Z und die H zu den H hinzufügen. Mach das mal!

Während das Kind handelt, schreiben Sie die richtigen Ergebnisse auf. Wenn das Kind aufschreiben will, führen Sie aus, was das Kind notiert.

Sie können jetzt zum Subtrahieren übergehen.

Schreiben Sie für das Kind eine Subtraktionsaufgabe ohne Überschreitung auf, im Beispiel ist dies 367 – 245, und fordern Sie das Kind auf, das Dienes-Material zu benutzen. Sie sind jetzt besonders aufmerksam. Die meisten Kinder wollen nicht nur 367, sondern auch 245 in Dienes-Material nehmen. Unterbrechen Sie das Kind, sobald es Anstalten macht, 245 zu nehmen. Weisen Sie das Kind darauf hin, dass es jetzt Material wegnehmen muss, dies ist die Handlung, die der Minus-Operator verlangt.

Sie lassen das Kind jetzt das Material Schritt für Schritt wegnehmen. Sie versprachlichen, was das Kind macht und schreiben dies an die richtige Stelle.

Manche Kinder möchten lieber selbst aufschreiben. Sie führen das, was das Kind aufschreibt, genau aus und sorgen auch für die richtige Versprachlichung.

➜ *Die Verführung ist groß, Kindern, die das Notationsschema sofort korrekt anwenden, das ganze Theater mit der Handlung zu ersparen. Dann besteht jedoch die Gefahr, dass der Bezug zu der zugrunde liegenden Wirklichkeit so stark gelockert wird, dass unabsichtlich falsche Zusammenhänge hergestellt werden. Das war auch bei Anna der Fall. Wir waren alle erleichtert, sie selbst vor allen Dingen, dass sie das Notationsschema zügig anwandte. Im Nachhinein stellte sich heraus, dass sie für sich selbst versprachlichte: „Ich ziehe den Kleinsten vom Größten ab". Das ging natürlich bei den etwas komplexeren Aufgaben schief. Wir haben danach lange Zeit mit dem Material arbeiten müssen, um dies wieder in Ordnung zu bringen.*

Auf dieser Ebene ist das schriftliche Rechnen selten schwierig. Manchmal geht es auf der Notationsebene schief (welche Zahl muss wo aufgeschrieben werden?) oder bei der Verknüpfung mit der zugrunde liegenden Wirklichkeit.
Falls erforderlich, können Sie in diesem Zusammenhang die nachfolgende Übung einsetzen.

Spiel: „Verknüpfen von Aufgabe, Handlung, schriftlicher Notation und Ergebnis"

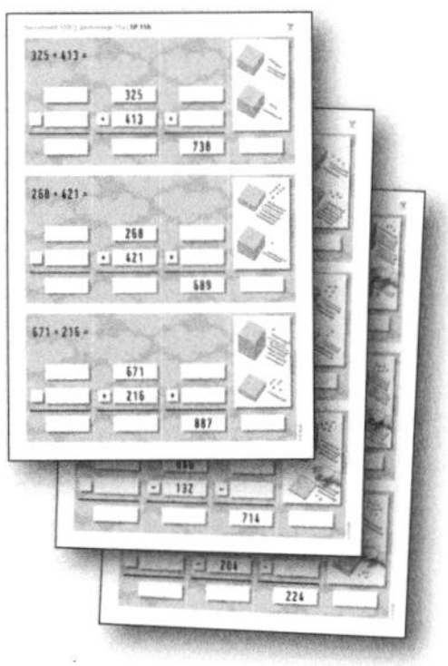

Material
- Spielmaterial SP 15a, b und c: Quartett
- 10 Einer, 10 Zehner und 10 Hunderter je Kind
- Stift und Papier für jedes Kind

Anzahl Spieler 2-4

Vorbereitung Drucken Sie die Quartettkarten für jede Kindergruppe aus. Am besten laminieren Sie die Karten, sodass die Kinder mit einem wasserlöslichen Stift darauf schreiben können. Für jedes Quartett gibt es jeweils
- eine Ergebniskarte,
- eine Karte mit einer linearen Aufgabe und Platz, um die schriftliche Aufgabe aufzuschreiben,
- eine Karte mit einer schriftlichen Aufgabe und Platz, um das Ergebnis aufzuschreiben,
- eine Karte mit der gezeichneten Handlung und Platz, um das Ergebnis aufzuschreiben.

Legen Sie alle Karten mit der Rückseite nach oben in die Mitte des Spielfeldes.

Spielablauf Jedes Kind zieht 7 Karten. Wenn das Kind eine Ergebniskarte zieht, braucht es damit vorläufig nichts zu tun. Bei den drei anderen Kartenarten schreibt das Kind, falls erforderlich, die Aufgabe als schriftliche Aufgabe auf und löst sie.

Die Kinder sind reihum an der Reihe. Sie dürfen jeweils einen der Mitspieler nach einer Karte fragen. Dies kann folgendermaßen geschehen:
- Hast du die Zahl „..." (das Kind fragt auf diese Weise nach der Ergebniskarte)
- Hast du die schriftliche Aufgabe mit der Antwort ...
- Hast du die einfache Rechenaufgabe mit der Antwort ...
- Hast du die Handlung mit der Antwort ...

Wenn das angesprochene Kind diese Karte hat, muss es sie abgeben und der Fragesteller ist weiterhin an der Reihe.

Wenn das angesprochene Kind diese Karte nicht hat, muss der Fragesteller eine der Karten vom Stapel nehmen und ist nicht mehr an der Reihe. Das nächste Kind ist jetzt mit Fragen an der Reihe.

Wer gewinnt Wenn ein Kind 4 zusammengehörige Karten hat, darf es diese als Quartett offen ablegen. Die anderen Kinder kontrollieren die Richtigkeit. Wurde ein Rechenfehler gemacht, muss das Kind die Karten wieder an sich nehmen und weiterspielen.

Wer als Erster 2 Quartette ablegen kann, gewinnt das Spiel.

■ Schriftliches Addieren und Subtrahieren mit Überschreiten

Auf dieser Ebene lauern einige Stolpersteine. Manche Kinder führen das Überschreiten der Einheit nicht aus und notieren jeweils das vollständige Ergebnis. 234 + 119 ergibt danach 3413.

Andere vergessen die im Kopf zu behaltende Zahl und beantworten dieselbe Aufgabe mit 343.

Wenn wir die Differenz zwischen zwei Zahlen suchen, sind viele Kinder opportunistisch. In der Situation 546 – 139 reichen die 6 Einer nicht aus, um 9 wegzunehmen. Also drehen die Kinder die Situation gerne um, 9 – 6 klappt auch. Und natürlich vergessen viele Kinder, dass eigentlich schon eine Einheit umgetauscht wurde.

Viele dieser Stolpersteine können umgangen werden, indem die Verknüpfung mit der Realität gut dargestellt wird. Dies ist wiederum durch den korrekten Einsatz des Dienes-Materials möglich. Ich bespreche zunächst die enge Verknüpfung zwischen Rechenaufgabe, Handlung und Versprachlichung, anschließend gehe ich gründlicher auf die Schwierigkeiten ein, die sich einstellen können.

➜ *Ich beginne diese Phase stets mit einer Aufgabe, bei der Zahlen voneinander subtrahiert werden müssen. Das Überschreiten einer Einheit ist hier – wenn der Bezug zur Wirklichkeit hergestellt wird – unvermeidlich. In dieser Situation beruht der Austausch von zehn Einern gegen eine größere Einheit auf einem System von Absprachen.*

Grundübung

Überschreiten einer Einheit in einer Minussituation

Geben Sie dem Kind die Rechenaufgabe 517 – 143 und teilen Sie dabei sofort mit, dass diese Aufgabe besonders schwierig ist. Fordern Sie das Kind auf, die Ausgangsmenge mit Material schon einmal zu nehmen und die Zahlen der Aufgabe untereinanderzuschreiben, wie es das zuvor auch schon beim schriftlichen Rechnen gemacht hat. Sie können das Kind jetzt herausfordern, selbst den Stolperstein zu suchen.

Wenn das Kind feststellt, dass es nicht genügend Zehner gibt, um 4 wegzunehmen, fällt es ihm leichter, sich Ihren Lösungsweg anzuhören. Wenn das Kind nicht vorhersagen kann, was schwierig ist, lassen Sie es die Aufgabe handelnd lösen. Es wird bei den Zehnern feststellen, dass es nicht genug davon hat und ist in dem Augenblick offen für Ihren Lösungsweg.

Gut beobachtet, du hast tatsächlich nicht genug Zehner, um 4 wegzunehmen. Aber weißt du noch, dass man jeden Hunderter gegen 10 Zehner eintauschen darf? Schau mal, wir können von diesen 5 Hundertern einen wegnehmen und durch 10 Zehner ersetzen. Jetzt kannst du wohl welche wegnehmen. So lösen wir das.

Bevor Sie das Kind dies handelnd lösen lassen, sprechen Sie sofort das Dilemma der Notation an. Wir müssen irgendwo in unserem Notationsschema angeben, dass wir einen Hunderter gegen diese 10 Zehner eingetauscht haben.

Es kommt nicht darauf an, welche Notationsweise Sie anwenden, wohl aber darauf, dass Sie die Aufgabe, die Handlung und die Versprachlichung miteinander verknüpfen. Ich entscheide mich hier für die ausführliche Wiedergabe der Handlung.

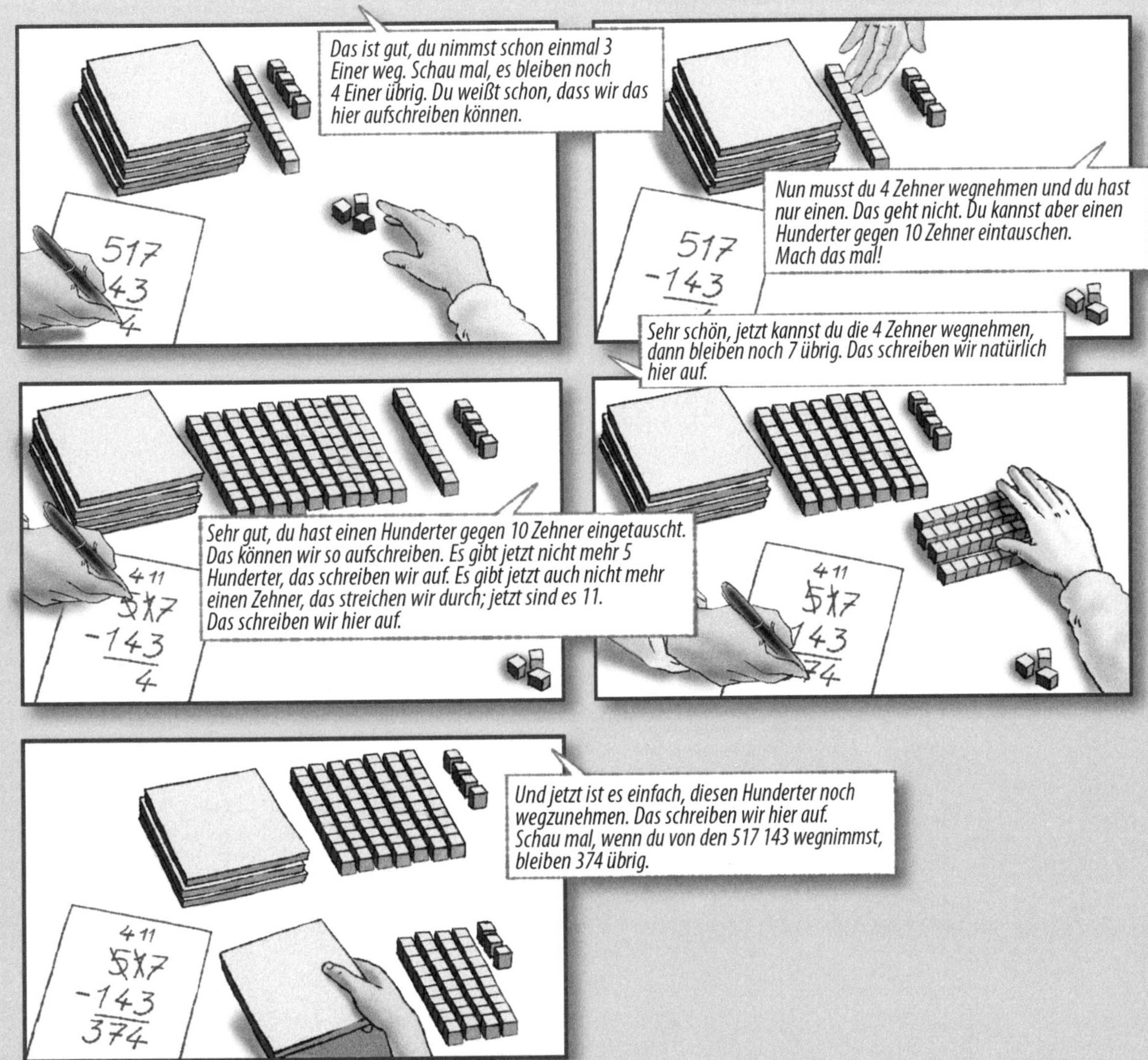

➜ *Natürlich entscheiden Sie sich für die Notationsweise, die der Methode entspricht, die bei Ihnen angewendet wird.*

Beim Zusammenrechnen erscheint das komplexe Überschreiten des Zehners vielen Kindern als nicht besonders notwendig. Warum darf man zum Beispiel nicht 12 Einer zusammenlegen? Es geht doch bloß darum, wie viel man zusammen hat. Sie können ihnen wie folgt helfen:

Grundübung

Überschreiten einer Einheit in einer Additionssituation

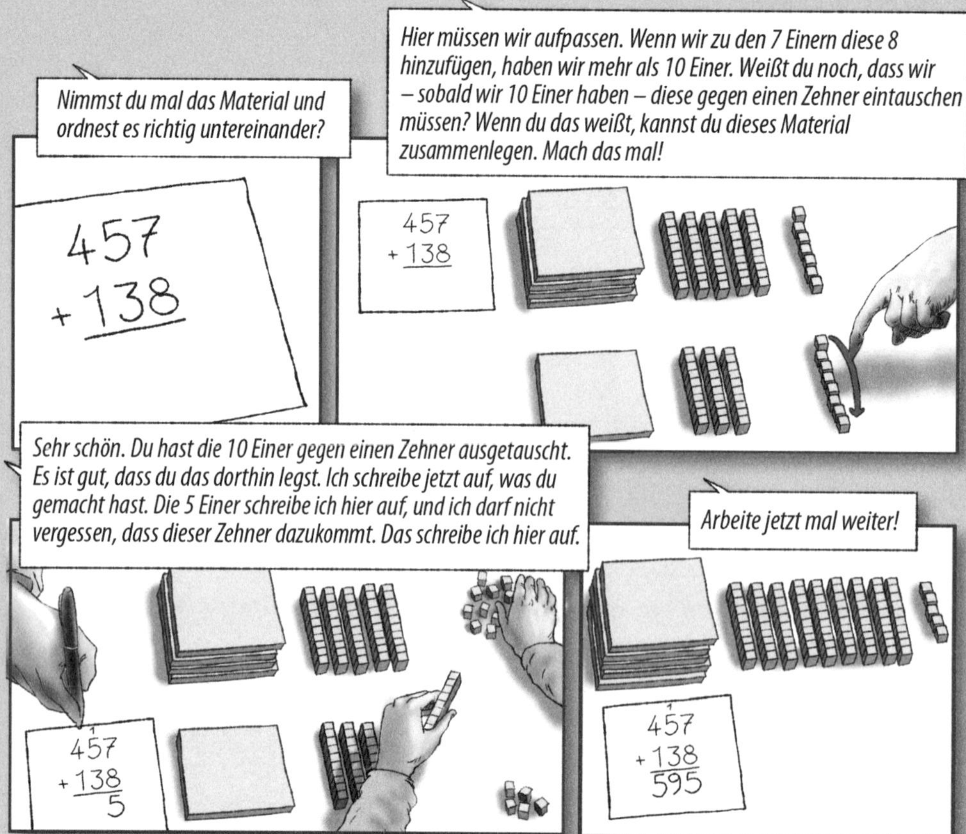

Es ist wichtig, dass das Material, das man im Kopf behalten muss, auch effektiv analog zu der Stelle hingelegt wird, an der es aufgeschrieben wird.

Arbeitsblatt 7: „Sudoku", Schriftliches Addieren und Subtrahieren

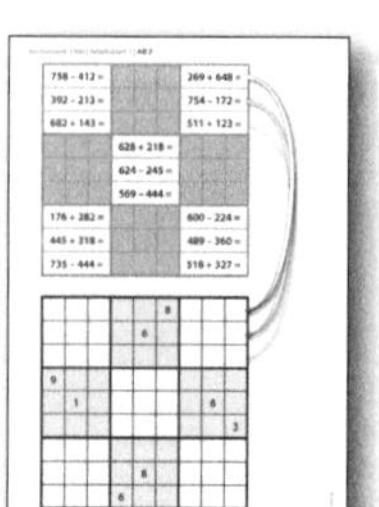

Material
- Arbeitsblatt AB 7: Sudoku
- 10 Einer, 10 Zehner und 10 Hunderter je Kind
- Stift und Papier für jedes Kind

Anzahl Spieler 1-4

Sie können entscheiden, ob Sie Teams zusammenspielen lassen wollen oder ob Sie die Aufgabe einem einzelnen Kind geben. Wenn Sie zwei Teams bilden, können Sie die Teams um die Wette die Sudokus ausfüllen lassen.

Vorbereitung Drucken Sie pro Kindergruppe (oder für jedes einzelne Kind) das Arbeitsblatt aus. Jedes Kind hat das erforderliche Material, den Stift und das Papier vor sich liegen.

Spielablauf Bei einem Sudoku dürfen in jeder Reihe, in jeder Spalte und in jedem Quadrat die Zahlen von 1 bis 9 immer nur einmal vorkommen. In den Sudoku-Aufgaben, die den Kindern gestellt werden, finden sie einige der einzutragenden Zahlen, indem sie die schriftlichen Rechenaufgaben aus der oberen Blatthälfte lösen. Die Ergebnisse müssen im unteren Sudoku am gleichen Platz aufgeschrieben werden.

Lösung AB 7:

3	4	6	2	5	8	9	1	7
1	7	9	4	6	3	5	8	2
8	2	5	7	9	1	6	3	4
5	1	2	8	4	6	7	9	3
6	8	4	3	7	9	2	5	1
9	3	7	1	2	5	4	6	8
4	5	8	9	1	2	3	7	6
7	6	3	5	8	4	1	2	9
2	9	1	6	3	7	8	4	5

Die Pfeile helfen bei der Orientierung. Beim Ausrechnen darf das Kind das Material benutzen, solange es dieses benötigt. Auch wenn das Kind einen Rechen- oder Verfahrensfehler macht, wird das Material zur Kontrolle eingesetzt.
Für das Sudokugitter können auf diese Weise 15 Antworten gefunden werden. Die restlichen Zahlen für die Quadrate müssen die Kinder selbst finden.

Spiel: „Alquerque"

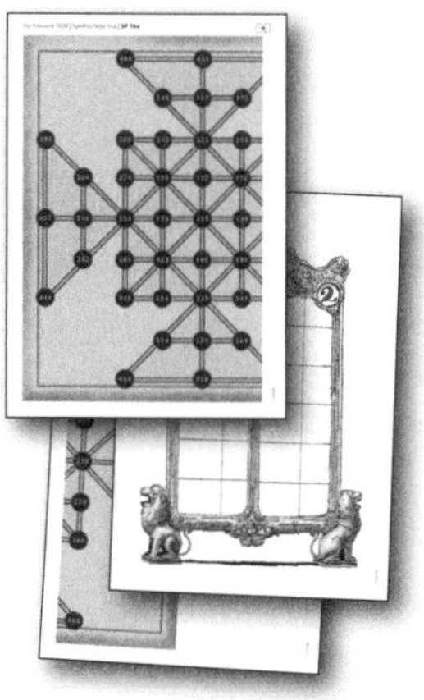

Material

- Spielmaterial SP 16a und b: Spielbrett Alquerque
- Spielmaterial SP 16c: Ergebnistafel
- 10 Einer, 10 Zehner und 10 Hunderter je Kind
- 24 weiße und 24 schwarze Dame-Spielsteine
- Stift und Papier für jedes Kind

Anzahl Spieler 2

Vorbereitung

Drucken Sie einmal die Ergebnistafel aus. Drucken Sie das Spielbrett aus, setzen Sie es zusammen und laminieren Sie es gegebenenfalls. Legen Sie das Spielbrett in die Mitte des Spielfeldes. Entscheiden Sie, wer mit Weiß und wer mit Schwarz spielt. Die Kinder setzen ihre Steine wie auf der Zeichnung angegeben.
Achten Sie darauf, dass jedes Kind Stift und Papier hat.
Notieren Sie oben auf der Ergebnistafel die Namen der Kinder.
Entscheiden Sie, ob Sie die Kinder mit der Zahl 1000 oder mit 500 beginnen lassen. Im ersten Fall können die Ergebnisse größer als 1000 sein.

Spielablauf

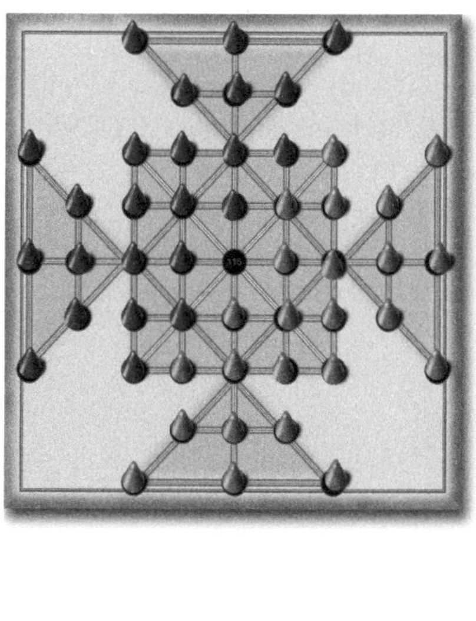

Das Kind kann über einen Stein des Gegenspielers springen, wenn auf einer geraden Linie hinter diesem Stein ein leerer Platz ist. Wenn unmittelbar danach wieder ein Stein des Gegenspielers mit einem daran anschließenden leeren Platz ist, darf das Kind einen zweiten, eventuell auch einen dritten Sprung machen. Wenn ein Kind über den Stein eines Gegenspielers springt, wird der übersprungene Stein aus dem Spielfeld genommen (wie beim Dame-Spiel).
Kann ein Kind nicht über einen Stein des Gegenspielers springen, muss es einen seiner Steine auf einen leeren Platz schieben. Es muss sich dabei an die auf dem Spielbrett vorgegebenen Linien halten und es muss ein benachbarter leerer Platz sein.
Wenn ein Stein aus dem Spiel genommen wird, muss jedes Mal auch gerechnet werden. Wer den Stein wegnimmt, darf die Zahl unter diesem Stein zu seiner Gesamtsumme addieren.
Wer den Stein abgeben muss, muss dieselbe Zahl von seiner Gesamtsumme subtrahieren.
Wenn mehr als ein Stein weggenommen wird, zählt nur die Zahl unter dem letzten Stein.
Die Summe der Ergebnisse beider Kinder ist stets 2000 (bei der Ausgangszahl 1000) oder 1000 (bei der Ausgangszahl 500).
Beim Ausrechnen darf das Kind das Material benutzen, solange dies erforderlich ist. Auch wenn das Kind einen Rechen- oder Verfahrensfehler macht, wird das Material zur Kontrolle eingesetzt.

Wer verliert Wer als Erster – bei der Ausgangszahl 1000 – unter ein Ergebnis von 300 kommt oder – bei der Ausgangszahl 500 – die Rechenaufgabe nicht mehr ausführen kann (also mehr abziehen muss, als vorhanden ist), verliert das Spiel.

Es kann natürlich auch so lange gespielt werden, bis eines der Kinder keine Steine mehr auf dem Spielfeld hat.

Verkürzung der Notation und der Handlung

Es ist natürlich nicht wünschenswert, dass sich die Kinder nie vom Material lösen. Sie werden feststellen, dass das Material durchaus einen unstreitigen Mehrwert in der Einblickphase bietet: Grundübungen und erste Übungen. In der Einübungsphase steigen die Kinder meistens spontan auf das imaginäre Rechnen um. Es ist jedoch auch gut, wenn danach das Material noch bereitgehalten wird, sodass Sie schnell helfen können, wenn etwas schiefgeht, oder wenn Sie nach einer Ruhezeit das Material erneut anbieten.

Auch die Notation werden die Kinder allmählich selbstverständlich verkürzen. Es empfiehlt sich, mit dem Schritt von der vollständigen zur verkürzten Notation behutsam umzugehen. Manche Kinder (oder Eltern oder Lehrpersonen) assoziieren die verkürzte Notation mit „gekonntem Rechnen", wodurch der Wechsel für manche forciert früh vorgenommen wird. Wenn es schiefgeht, müssen diese Kinder einen Entwicklungsschritt zurückgehen – nicht nur auf dem Papier, sondern auch in ihrem Selbstwertgefühl.

Im Klassenverband erfordern Verkürzungen viel Fingerspitzengefühl. Jedes Kind hat seine eigene Entwicklungsgeschwindigkeit.

Lästige Nullen

Innerhalb der Rechenwelt ist eine „Null" immer wieder eine lästige Menge. Sie verkörpert „nichts", nimmt aber eine Stelle ein. Nur wenn eine gut fundierte Verknüpfung mit der Realität hergestellt wird, kann ein Kind begreifen, dass die Zahl „205" nicht dasselbe ist wie „25". Beim schriftlichen Subtrahieren machen Nullen in der Zahl den technischen Aspekt erheblich komplexer. Mit einer sorgfältig aufgebauten Verknüpfung der Aufgabe, der Handlung und der Notation können Sie die Unsicherheit des Kindes beheben. Sie können dabei wie folgt vorgehen:

Grundübung

Schriftliches Subtrahieren mit Nullen im Minuend

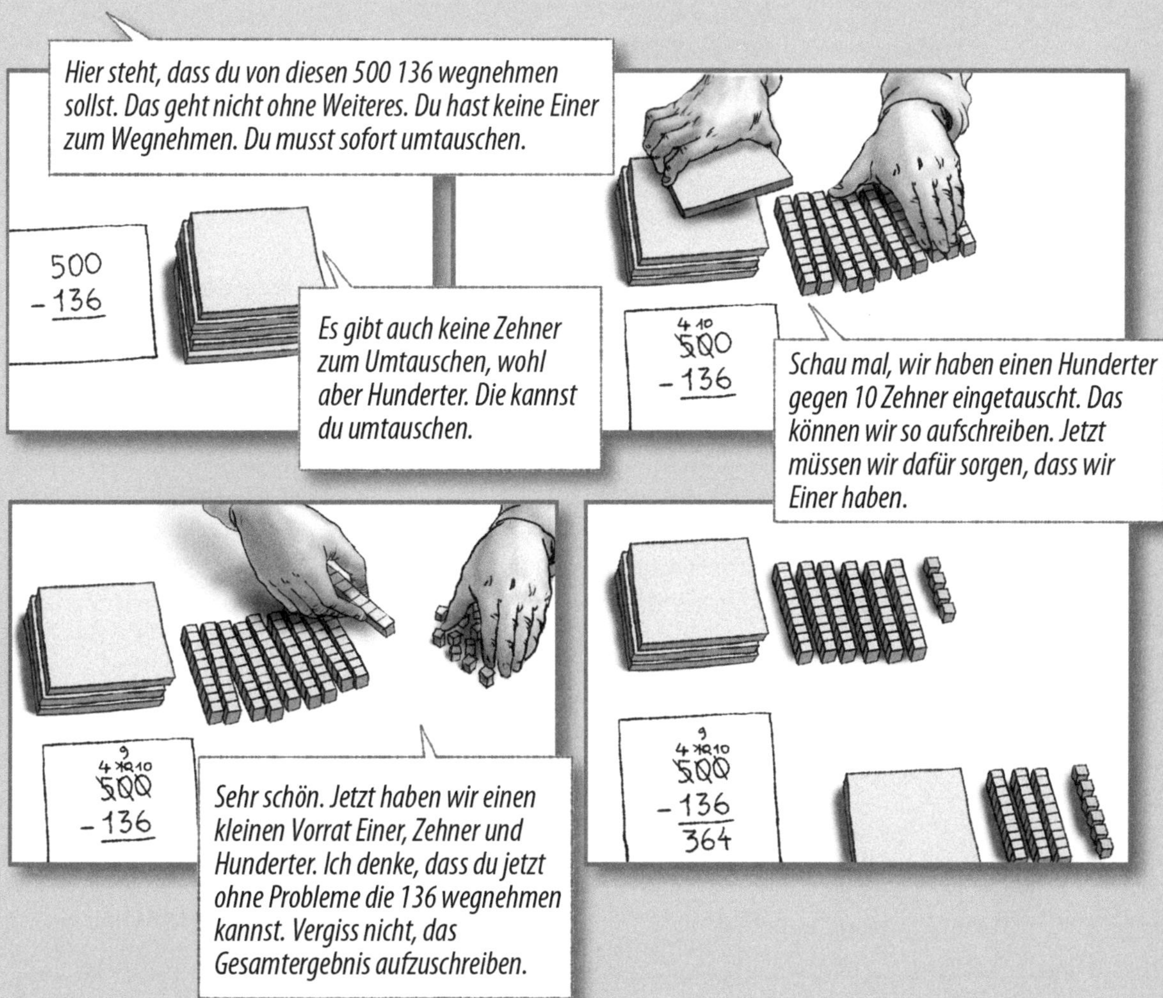

Spiel: „Domino"

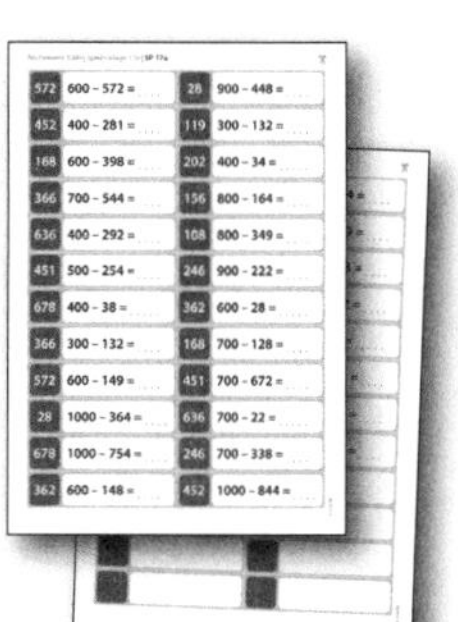

Material
- Spielmaterial SP 17a und b: Domino
- 10 Einer, 10 Zehner und 10 Hunderter je Kind
- 1 wasserlöslicher Stift je Kind
- Stift und Papier für jedes Kind

Anzahl Spieler 4

Vorbereitung Kopieren und laminieren Sie das Domino und schneiden Sie die einzelnen Karten aus. Die Kinder können jeweils die Ergebnisse der Aufgaben auf die laminierten Karten schreiben und anschließend auswischen.

Spielablauf Alle Kinder nehmen 5 Karten und rechnen die Ergebnisse aus. In Anbetracht der Komplexität der Aufgaben dürfen die Karten offen liegen bleiben. Wenn Sie dieses Spiel mit fortgeschrittenen Spielern spielen, ist für jeden Spieler ein Sichtschutz erforderlich.
Außerdem werden zwei Startkarten offen in die Mitte gelegt. Die Kinder, die zuerst mit dem Ausrechnen ihrer Karten fertig sind, rechnen auch diese Startkarten aus. Reihum darf jedes Kind versuchen, eine

seiner Karten anzulegen. Es legt entweder eine Aufgabe an der Ergebnisseite an oder ein Ergebnis an der Aufgabenseite.
Wenn ein Kind nicht anlegen kann, wenn es an der Reihe ist, muss es eine neue Karte ziehen und diese Ausrechnen, bevor es wieder an der Reihe ist.

Wer gewinnt Wer als Erster alle Karten abgelegt hat, gewinnt das Spiel.

➜ *Bei diesem Spiel wird die Reihe manchmal zu lang. Sobald mehr als 3 Karten in der Reihe liegen, können die mittleren Karten aufeinandergelegt werden. Die maximale Länge besteht auf diese Weise aus nicht mehr als 3 Karten, und die sind gut überschaubar.*

Schriftliches Multiplizieren

1	2	3	4	5	6	7	8	9	10
2	4	6	8	10	12	14	16	18	20
3	6	9	12	15	18	21	24	27	30
4	8	12	16	20	24	28	32	36	40
5	10	15	20	25	30	35	40	45	50
6	12	18	24	30	36	42	48	54	60
7	14	21	28	35	42	49	56	63	70
8	16	24	32	40	48	56	64	72	80
9	18	27	36	45	54	63	72	81	90
10	20	30	40	50	60	70	80	90	100

Das schriftliche Multiplizieren wird im Rahmen dieses Praxisbuches nur mit einem Faktor kleiner als 10 besprochen. Wie beim schriftlichen Addieren und Subtrahieren hat jede Methode ihr Paket der Vereinbarungen im Hinblick auf die im Kopf zu behaltenden Zahlen. Mit dem Dienes-Material können Sie den Kindern klarmachen, was jeder einzelne Teil der Notation bedeutet und welchen Sinn er hat. So gelangen Kinder auf eine besser fundierte Weise zur Einsicht und das schriftliche Multiplizieren kann langfristig so stark verinnerlicht werden, dass es eine wichtige Hilfe beim Schätzen und Kopfrechnen wird.
Manchmal wird Kindern dieses Verfahren angeboten, obwohl sie eigentlich die Fertigkeit des Multiplizierens noch unzureichend beherrschen. In diesem Fall empfiehlt es sich, ihnen eine Einmaleinstafel anzubieten.

Ich bespreche in diesem Teil zwei verschiedene Notationsweisen. Bei der ersten werden der Multiplikand und der Multiplikator nebeneinander geschrieben, im zweiten Fall wird eine Matrix benutzt.

Notation nebeneinander

Diese Notationsform gleicht dem Addieren und Subtrahieren wenig. Falls ein Kind dennoch die beiden Verfahren verwechselt, ist es in diesem Fall manchmal besser, zur Matrixnotation überzugehen.

Grundübung

Sie schreiben die Aufgabe 4 • 167 linear auf und fragen das Kind oder die Gruppe Kinder, was dies bedeuten könnte. Die Kinder sollten in diesem Stadium in der Lage sein festzustellen, dass es sich hier um 4 Gruppen von 167 handelt. Sie fordern die Kinder auf, das Material zu nehmen und untereinander anzuordnen. Sie können folgendermaßen fortfahren:

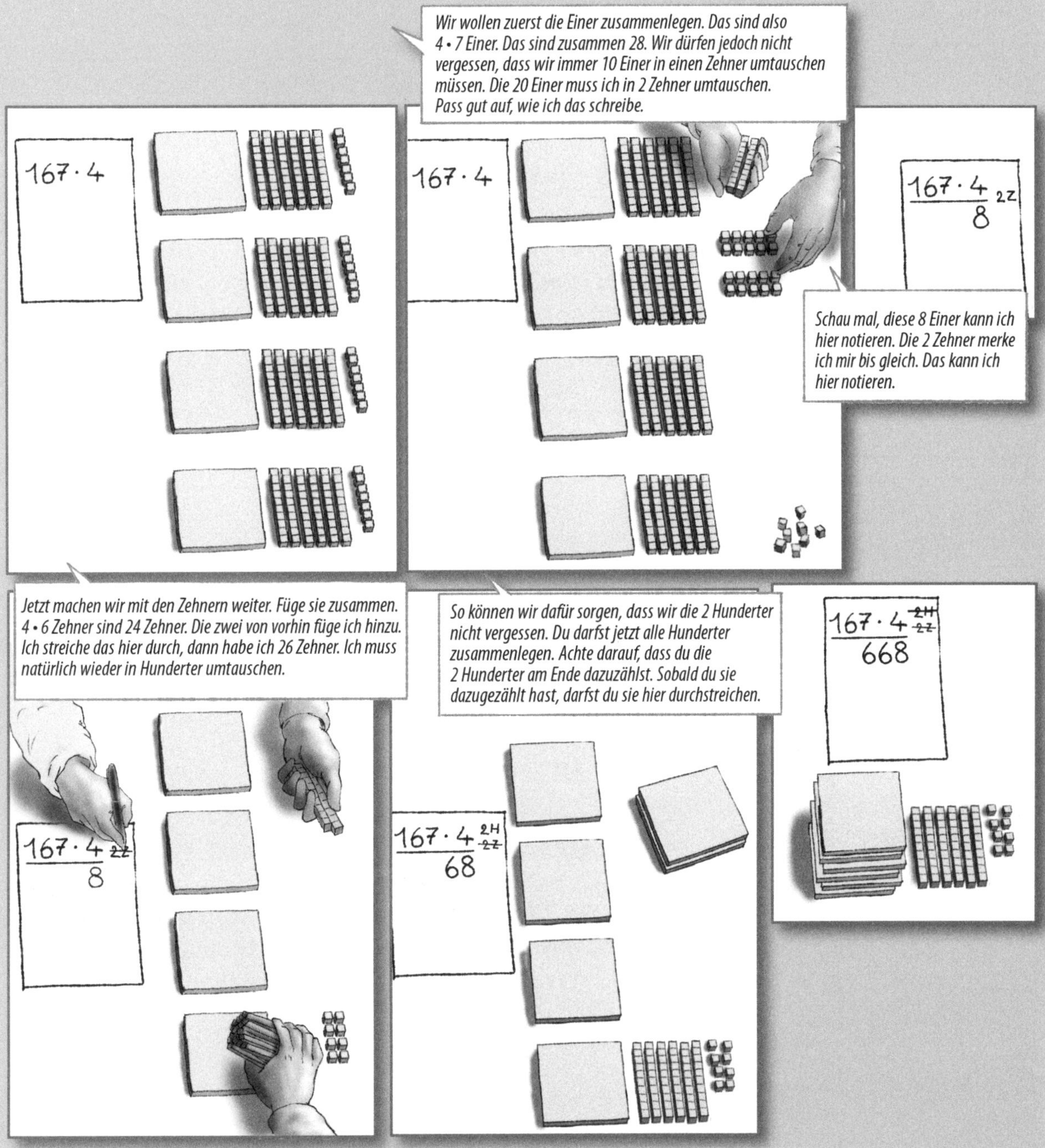

➜ *In der Schweiz wird der Multiplikator links und der Multiplikand rechts geschrieben, also genau umgekehrt: 4 • 167. Selbstverständlich passen Sie die Notation der bei Ihnen gebräuchlichen Methode an.*

Notation in einer Matrix

Um diese Notation zu verstehen, müssen Kinder in der Lage sein, die zwei Dimensionen einer Matrix zu begreifen. Die Arbeitsweise stimmt stark mit der Arbeitsweise beim Kopfrechnen überein und hat den großen Vorteil, dass es eigentlich egal ist, ob das Kind bei der kleinsten oder der größten Einheit beginnt.
Die Aufgabe 4 • 167 sieht in der Matrix wie folgt aus:

•	100	60	7	
4	400	240	28	668

Die Kinder multiplizieren jede Einheit, notieren diese als Zwischenergebnis in der Matrix und zählen alles zusammen.
Auch bei dieser Form des schriftlichen Rechnens bietet das Dienes-Material zusätzliche Unterstützung. Sie können die Einblickphase mit den Kindern in folgender Weise durchlaufen:

Grundübung

Sie fordern das Kind auch hier auf das Material zu nehmen, das zu dieser Aufgabe passt, und es untereinander anzuordnen.

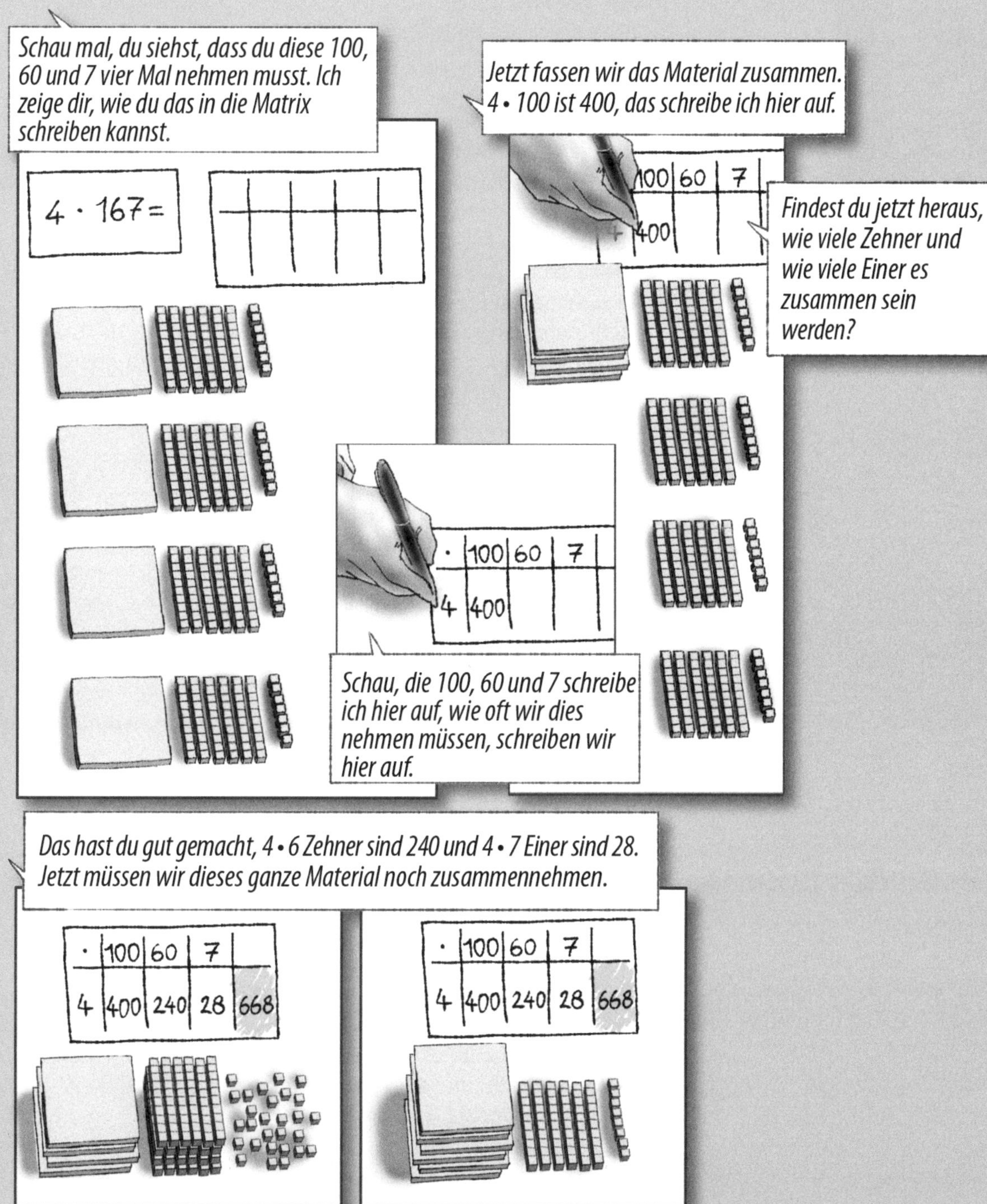

Ob ein Kind eine klassische Ziffernform oder die Matrix anwenden muss, ist für die Verständnisphase nicht so entscheidend. Wie beim Addieren und Subtrahieren gilt, dass Kinder langfristig die ausführliche Notation verkürzen und die Ausführung beschleunigen, und zwar jedes Kind in seinem eigenen Rhythmus.

Spiel: „Mensch verrechne dich nicht"

Material
- Spielmaterial SP 18a und b: Spielbrett „Mensch verrechne dich nicht"
- 100 Einer, 100 Zehner und 50 Hunderter je Kindergruppe
- ein Spielstein für jedes Kind (rot, blau, grün, gelb, weiss und schwarz)
- zwei Würfel
- Stift und Papier für jedes Kind

Anzahl Spieler 2-4

Vorbereitung Drucken Sie das Spielbrett aus und fügen Sie die beiden Teile zusammen. Jedes Kind wählt einen Spielstein und stellt ihn neben die ovale Startfläche mit derselben Farbe.

Spielablauf Wer an der Reihe ist, muss sich die Würfel verdienen. Dies geschieht wie folgt: Das Kind, das an der Reihe ist, bekommt vom gegenübersitzenden Kind eine Zahl genannt, die im Bereich der vom Spielfeld vorgegebenen Zahlen liegt. Beispiel: Steht der Spielstein auf einem Feld zwischen der gelben und der grünen Startfläche, kann das gegenübersitzende Kind eine Zahl zwischen 750 und 1000 nennen.
Es ist zugleich auch der Schiedsrichter für diese Spielrunde und nimmt das Dienes-Material zu sich. Das Feld, auf dem der Spielstein steht, gibt den Faktor an, mit dem die angegebene Zahl multipliziert werden muss.

Alle Kinder rechnen schriftlich (untereinander oder in einer Matrix, je nach den Vereinbarungen, die für sie gelten) die angegebene Multiplikation aus. Der Schiedsrichter führt die Aufgabe mit dem Material aus. Wenn das Startkind richtig gerechnet hat, darf es mit beiden Würfeln würfeln und seinen Spielstein entsprechend der Augenzahl vorrücken. Andernfalls darf das nächste Kind in der Reihe, das richtig gerechnet hat, würfeln und mit seinem Spielstein vorrücken.

Wer gewinnt Wer als Erster mit seinem Spielstein eine ganze Runde durchlaufen hat, gewinnt das Spiel.

■ Schriftliches Dividieren

Das Dividieren einer größeren Menge, selbst durch einen Divisor kleiner als 10, ist eine komplexe Angelegenheit. Die Teile, die beim Dividend verschwinden, werden in gleichem Maß auf die Empfänger verteilt. Solang dies mit richtigem Material ausgeführt wird, ist das Verfahren einleuchtend. Die verschiedenen Notationsschemata tun sich alle schwer damit, die Verknüpfung mit der Wirklichkeit ausreichend klar darzustellen.
Ein fortgeschrittener Rechner führt das schriftliche Dividieren nach dem Verfahren aus, das er dafür erlernt hat, ohne sich viel um die Realität zu kümmern, auf die jeder Zwischenschritt verweist. Das schriftliche Ausrechnen einer Division ist eines der ersten Verfahren, das Erwachsene vergessen, wenn sie es nicht regelmäßig anwenden. Jeder durchschnittliche Rechner kämpft mit diesem Problem, insbesondere dann, wenn in der Angebotsphase das Material weggelassen wurde.
Trotz der Tatsache, dass das schriftliche Dividieren ein schwieriges Verfahren ist, bleibt es doch eine wichtige Übungsphase. Die Kinder müssen zu einer komplexen Integration der Aufgaben gelangen. Das schult die Rechenfertigkeit der Kinder.

→ *Um 1990 las ich das Buch „Rechenschwierigkeiten ermitteln und beheben" (Rekenmoeilijkheden opsporen en remediëren) von Drs Van Erp. Sie behauptete: „Auf der Grundschulebene kann man jede Aufgabe mit Material darstellen." Ich sah sofort das schriftliche Teilen als „Lackmustest". Sie hatte recht. Ich entdeckte zu meiner eigenen Verwunderung, dass die komplizierte Notation in klarer Weise auf die Wirklichkeit verwies, dies war mir nur zuvor nie bewusst geworden.*

Welche Notation auch immer Sie für dieses Verfahren wählen, die zugrunde liegende Wirklichkeit ist immer wieder dieselbe. Ich beschreibe zuerst die tatsächliche Handlung des Dividierens. Anschließend verknüpfe ich dies mit der Notation.

→ *Es ist sicherlich nicht überflüssig, vorher kurz das Dividieren mit Rest aufzufrischen. Es wurde im Praxisbuch „Rechenwelt bis 100" besprochen, kommt jedoch bei jeder Rechenmethode zum Tragen.*

Grundübung

Größere Zahlen teilen

Erzählen Sie dem Kind die Geschichte vom Bäcker. Der Mann produzierte Berge köstlicher Kekse – immer die gleichen. Wenn er 10 Kekse hatte, tat er sie in eine Tüte. Wenn er 10 Tüten gefüllt hatte, legte er sie in einen Karton. 10 Kartons passten genau in eine Kiste. Während Sie dies erzählen, zeigen Sie bei den Keksen auf die Einer, bei den Tüten auf die Zehner und bei den Kartons auf die Hunderter. Wenn Sie möchten, steht die Kiste für 1000 Kekse, also für den Tausender. Auch die folgenden Schritte führen Sie mit dem Dienes-Material aus:

Während Sie Folgendes erzählen ...	***... machen Sie dies:***
Dieser Bäcker hat jetzt, kurz bevor er in die Ferien geht, in seinem Lager noch 734 Kekse.	*Sie nehmen 7 Hunderter, 3 Zehner und 4 Einer.*
Er beschließt, die Kekse gleichmäßig an seine 4 besten Freunde Jan, Peter, Helene und Anne zu verteilen.	*Sie markieren 4 Stellen (Töpfchen, Matten, Kreise auf einem Blatt ...).*
Um Platz zu schaffen, gibt er allen schon einmal einen Karton.	*Sie legen einen Hunderter an jeden Platz.*
Die drei restlichen Kartons öffnet er und nimmt alle Tüten heraus. In jedem Karton befinden sich 10 Tüten.	*Sie ersetzen die restlichen 3 Hunderter durch 30 Zehner.*
Er legt diese zu den 3 anderen Tüten und stellt fest, dass er 33 Tüten hat.	*Sie legen die 30 Zehner zu den 3 anderen.*
Jetzt bedenkt er, dass er 32 Tüten verteilen kann. Er kann also jedem 8 Tüten geben.	*Sie legen 8 Zehner an jeden Platz.*
Er öffnet die übrig gebliebene Tüte und nimmt 10 Kekse heraus. Er legt sie zu den 4 anderen Keksen.	*Sie tauschen den letzten Zehner gegen 10 Einer und legen diese zu den 4 anderen Einern.*
Der Bäcker sieht jetzt, dass er 14 Kekse hat und überlegt sich, dass er davon noch 12 gleichmäßig verteilen kann. Er gibt jedem 3 Kekse.	*Sie legen 3 Einer an jeden Platz.*
Der Bäcker hat 2 Kekse übrig. Die kann er nicht mehr gleichmäßig verteilen ... er isst sie selbst auf.	*Sie zeigen die zwei übrig gebliebenen Einer.*

Weisen Sie die Kinder am Ende darauf hin, dass jeder der 4 Freunde die gleiche Menge erhielt, dass nicht alles geteilt wurde und dass der Bäcker noch etwas übrig behielt.

Wir greifen diese Arbeitsweise mit dem Dienes-Material wieder auf, fügen nun jedoch die Notation hinzu.

Grundübung

Notieren der Division größerer Zahlen

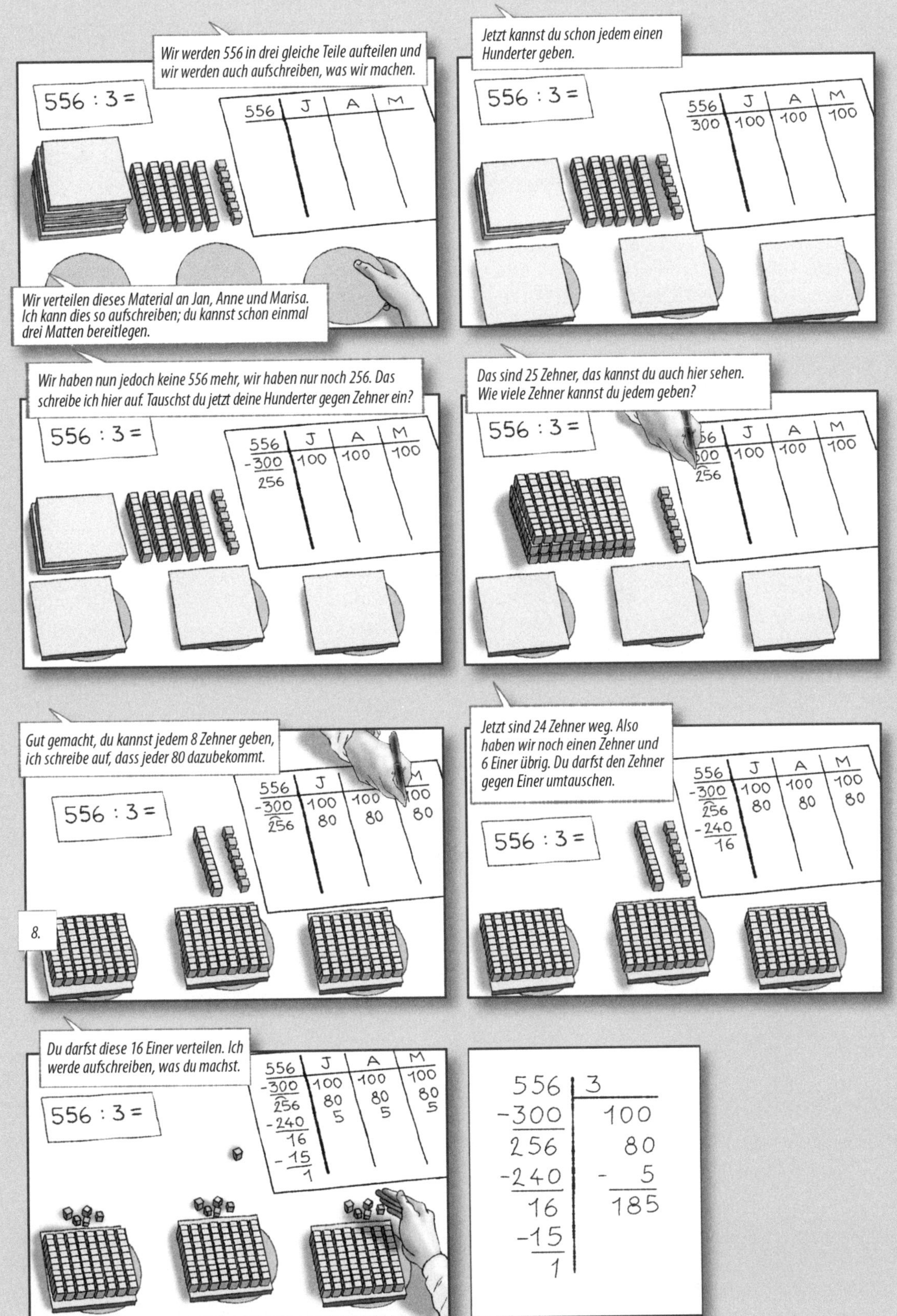

Nach dieser Übungsphase können Sie die Kinder darauf hinweisen, dass es nicht so praktisch ist, dasselbe drei Mal aufzuschreiben. Wenn wir jetzt einen Teil aufschreiben, wissen wir sofort, was die anderen bekommen.

Die eigentliche Notation ist von Land zu Land und sogar von Region zu Region sehr verschieden. In diesem Praxisbuch arbeiten wir vor allem mit der zugrunde liegenden Verknüpfung mit der Wirklichkeit weiter. Wenn das Verfahren einmal verstanden ist, können Sie es mit der Notationsweise verknüpfen, die in der bei Ihnen gängigen Methode vorkommt.

Spiel: „Ausverkauf"

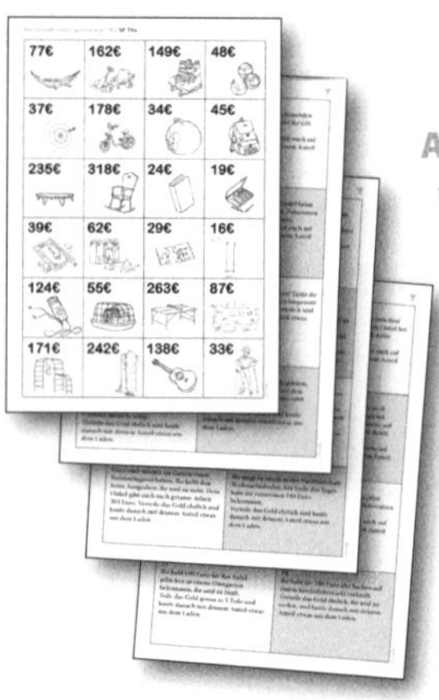

Material
- Spielmaterial SP 19a, b, c und d (eine CH-Version in Schweizer Franken finden Sie auf der CD-ROM)
- 50 Einer, 30 Zehner und 10 Hunderter für jede Gruppe
- Stift und Papier für jedes Kind oder jede Gruppe

Anzahl Spieler maximal 4

Vorbereitung Drucken Sie die Waren und die Aufgabenkarten aus und schneiden Sie alles aus. Legen Sie die Waren für alle sichtbar in die Mitte des Spielfeldes und die Aufgabenkarten verdeckt an den Spielfeldrand.

Spielablauf Die Kinder nehmen entweder zu zweit oder einzeln eine Aufgabenkarte. Darauf steht eine Rechengeschichte, die nur mit Hilfe einer Startdivision gelöst werden kann. Wenn die Kinder die Startdivision korrekt lösen, können sie genau einen der Gegenstände „kaufen". Wenn kein Gegenstand vorrätig ist, ist bei der Berechnung irgendwo ein Fehler passiert. Sie können dann am besten als Lehrperson zusammen mit den Kindern die Aufgabe mit dem Material ausführen.

Wer gewinnt Das Spiel endet, wenn ein Kind 4 Gegenstände hat. Jedes Kind zählt dann den Wert seiner gekauften Gegenstände zusammen. Wer den höchsten Warenwert erreicht (dies ist nicht unbedingt das Kind, das zuerst 4 Gegenstände hatte), gewinnt das Spiel.

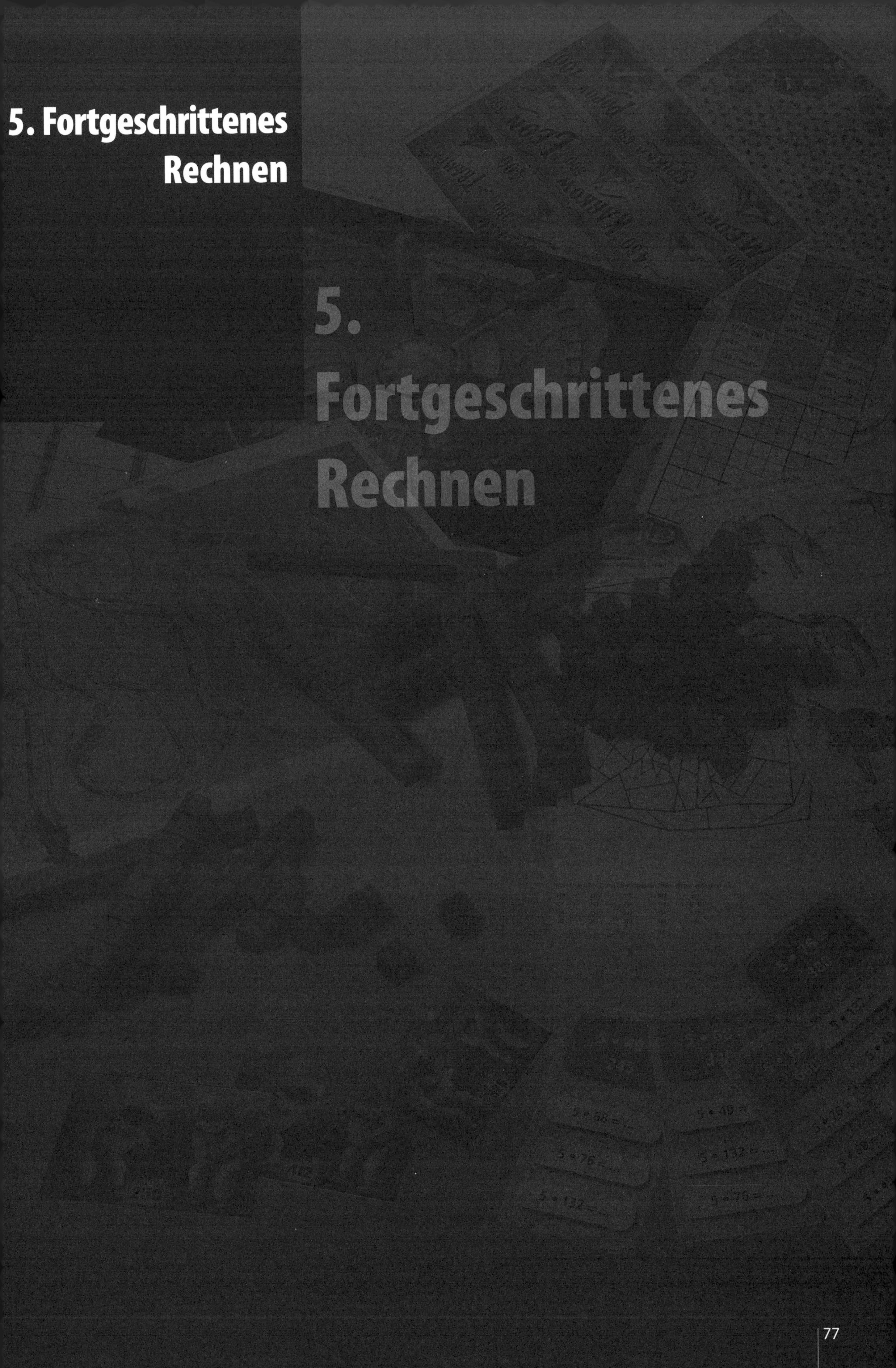

5. Fortgeschrittenes Rechnen

Einführung

Wir rechnen, wenn wir das Ergebnis einer Änderung von Mengen vorhersagen wollen. Wenn Kinder sich diese Fertigkeit angeeignet haben, entsteht Freiraum für die Entwicklung einer anderen Qualität. Die Rechenwelt bis 1000 bietet schließlich Möglichkeiten, das Denken der Kinder auf den Prozess zu lenken und allmählich vom Hier und Jetzt zu lösen. Wenn wir diese Phase gut betreuen, legen wir ein stabiles Fundament für die Entwicklung mathematischen Denkens. Darauf haben wir im vorigen Teil bereits aufmerksam gemacht. Während das schriftliche Rechnen sich noch hauptsächlich unter dem Nenner „Rechenfertigkeiten" abspielt, gelangen wir mit dem fortgeschrittenen Rechnen zu den Anfängen des mathematischen Denkens.

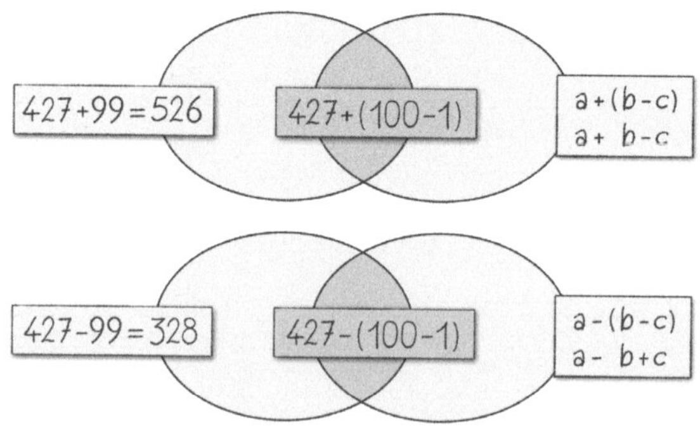

Die Grenze zwischen Rechnen und Mathematik ist natürlich vage. Man kann rechnerische Probleme mathematisch anpacken und man wendet ständig Rechenfertigkeiten an, wenn man mathematisch arbeitet. Im Wesentlichen liegt jedoch beim Rechnen der Schwerpunkt auf dem Finden des Ergebnisses und beim mathematischen Denken auf dem Prozess. Dieses Prozessdenken ist nicht eine Art Motor, der zu einem beliebigen Zeitpunkt angeschaltet werden kann. Es ist genauso wie das Rechnen eine Fertigkeit, die Menschen sich erst allmählich aneignen. Wir haben die Aufmerksamkeit der Kinder in jeder Grundübung dieses Buches und der beiden vorhergehenden Praxisbücher bereits auf den Prozess gelenkt. Wir haben immer wieder das Vorhersagen des Ergebnisses nach der Wahrnehmung und nach der Versprachlichung der Handlung stattfinden lassen. In diesem Teil werden wir das Handeln so steuern, dass das Rechnen dadurch einfacher wird.

Flexibilität ist dabei unverzichtbar. Wenn Kinder beim Addieren an der Regel „ich füge zuerst die Zehner und dann die Einer hinzu" festhalten, ist die Aufgabe „456 + 99" eine besonders langwierige Arbeit. Wenn sie sich von der Regel lösen und die Mengen in der Aufgabe betrachten können, stellen sie fest, dass 99 fast 100 ist und dass sich das Ergebnis schneller finden lässt, wenn zunächst ein Einer zu viel addiert wird (456 + 100) und von diesem Ergebnis dieser Einer wieder abgezogen wird. Das Kind kann jedoch genauso gut beschließen, dass es beim Addieren egal ist, was man wem hinzufügt. Folglich kann das Kind einfach von den 456 auf jeden Fall einen Einer den 99 geben. Die Aufgabe ist so rasch gelöst.

Damit Kinder die Möglichkeit erhalten, Flexibilität im Denken zu entwickeln, ist es wichtig, als Lehrperson gut über die Notationsschemata nachzudenken, die wir ihnen anbieten. Wenn alle Kinder verpflichtet werden, dieselben Lösungswege zu gehen und die

Zwischenschritte in derselben Weise zu notieren, bekommt die Flexibilität des Denkens keine Chance. Das fortgeschrittene Rechnen wird so zu einer festliegenden Folge von Rechenschritten degradiert. Ich habe mit vielen Lehrpersonen gesprochen, die bei diesem Punkt sehr unsicher wurden. Ihre solide Erfahrung lehrt, dass Kinder von strengen Regeln profitieren, und sie haben die Erfahrung gemacht, dass ihre gesamte Klasse gute Ergebnisse erzielt, wenn sie sich strikt an den vorgegebenen Lösungsweg halten. In unserem Beispiel könnte es um folgendes Notationsschema gehen:

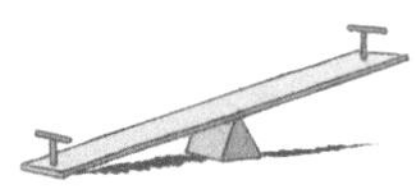

314 + 499
-1 ⇩ ⇩ +1
313 + 500

814 - 499
+1 ⇩ ⇩ +1
815 - 500

Die Kinder lernen, das Addieren mit der Wippe und das Subtrahieren mit der Hantel zu verbinden. Die Ergebnisse sind beachtlich. Dieses System funktioniert ... scheinbar. Die guten Ergebnisse werden nur erzielt, wenn das Denken ausgeschaltet wird und die Kinder brav und konsequent den vorgeschriebenen Lösungsweg einhalten. Das freie Nachdenken über mögliche Lösungsstrategien und das betrachten dessen, was jetzt tatsächlich geschieht, wird nicht angeregt. Kurzfristig funktioniert diese Strategie, im Wesentlichen werden die Entwicklungschancen jedoch nicht genutzt.

➜ *Mehr noch, je nach dem Druck, der mit dem Einhalten des auferlegten Verfahrens verbunden ist, wird der Beginn des mathematischen Denkens verhindert. Ich habe viele Kinder gesehen, die davon später auch nichts mehr wissen wollten: „Sagen Sie mir einfach, was ich tun soll ... dann mache ich es schon so, wie Sie sagen."*

Kinder von 9 bis 10 Jahren sind gleichzeitig verspielt, auf dem Gebiet des Rechnens bereits recht geschickt und ziemlich kreativ. Es gibt auf der Welt noch viel zu entdecken. Wenn wir das fortgeschrittene Rechnen entwickeln wollen, müssen wir die Kreativität und Verspieltheit der Kinder innerhalb sicherer Grenzen zulassen. Es ist eine Kunst, die Balance zwischen Eingrenzen und Freiheit zu wahren.

Das Dienes-Material stellt gerade unter diesem Aspekt einen entscheidenden Mehrwert dar. Kinder dürfen sich Lösungsstrategien ausdenken, sie müssen jedoch stets anhand des Materials nachweisen, dass ihr Denkweg tatsächlich zu einer Lösung führt.

Sie finden in diesem Teil Grundübungen, die Ihnen zeigen, in welcher Art und Weise wir das Nachdenken über Rechenstrategien anregen, verstärken und letztendlich in der Notationsform formalisieren können, die das Kind verstanden hat. Die verschiedenen Grundoperationen kommen nacheinander zur Sprache. Am Ende dieses Teils versuchen wir, die Kinder zum schätzenden Rechnen und dann zu den Anfängen der Metakognition zu bringen.

Fortgeschrittenes Subtrahieren und Addieren

Ich zeige anhand von zwei Beispielen, wie Sie das fortgeschrittene Rechnen beim Addieren und Subtrahieren anregen und dazu ermuntern können. Das Dienes-Material hat stets einen wichtigen Mehrwert. Wir betrachten nacheinander

- den Umgang mit vorteilhaftem Rechnen (+/– 99, 90, 199 ...)
- das Addieren von langen Reihen großer Zahlen.

Umgang mit vorteilhaftem Rechnen

Aufgaben, bei denen leicht zu rundende Mengen weggenommen oder hinzugefügt werden, können leichter gelöst werden als über die allgemeine Strategie von Einheit zu Einheit. In der Praxis ist dies häufig eines der ersten Male, dass Kinder angeregt werden, mehrere Rechenschritte nacheinander auszuführen.

Die Schwierigkeit bei dieser Strategie ist die Widersprüchlichkeit der Aufgaben. Kinder müssen in zwei aufeinanderfolgenden Schritten zunächst addieren und anschließend subtrahieren oder umgekehrt. Ohne Flexibilität beim Denken ist dies nicht möglich.

Sie werden feststellen, dass dies von manchen Kindern wirklich zu viel verlangt ist. Ich lasse sie immer auch noch die folgenden Aufgaben versuchen (auch beim Multiplizieren und Dividieren), meistens integrieren sie jedoch nur einen Teil des Angebotes. Bei ihnen ist deshalb häufig das Anbieten von Hilfsmitteln angebracht.

→ *Nach jahrelanger Praxiserfahrung kann ich immer noch nicht mit Sicherheit voraussagen, welches der Kinder in eine Sackgasse geraten wird und welches nicht. Es gibt natürlich Sorgenkinder, die wir in dieser Phase gezielt beobachten und bei denen die Gefahr in Schwierigkeiten zu geraten größer ist. Ich werde jedoch immer noch häufig angenehm überrascht.*

Grundübung

+/– 99 herausfordern

Legen Sie 10 H, 10 Z und 10 E bereit und sorgen Sie dafür, dass kein anderes Dienes-Material verfügbar ist.

➜ *Sie können diese Grundübung mit mehreren Kindern gleichzeitig ausführen, jedes Kind muss dabei jedoch über genau 10 Elemente jeder Einheit verfügen. In der letzten Phase der Übung ist es spannend zu beobachten, wer welche Lösung findet.*

Fordern Sie das Kind auf, einige der H, Z und E vor sich hinzulegen; bei diesem Beispiel beginnen wir mit 5 H, 3 Z und 6 E. Fordern Sie das Kind auf, die Menge, die vor ihm liegt, anzugeben. Sie sagen dem Kind: „Ich werde dich gleich auffordern, H oder Z oder E wegzulegen oder hinzuzufügen. Du machst das zuerst und dann sagst du mir, wie viel du danach hast."

Jetzt geben Sie verschiedene Aufgaben, die das Kind ohne Schwierigkeit lösen kann; in unserem Beispiel lauten Ihre Aufforderungen nacheinander:

+ 100	*das Kind führt dies aus und nennt die neue Menge*	*636*
- 20		*616*
+ 2		*618*
-300		*318*
+40		*358*

Sobald dies zügig gelingt, geben Sie völlig unerwartet die Aufgabe – 99.

Lassen Sie dem Kind Zeit, eine Lösung zu suchen. Die meisten Kinder versuchen zunächst, die Zahl einfach wegzunehmen, was nicht gelingt. Danach versuchen Sie, einen Zehner umzutauschen, stellen jedoch sehr schnell fest, dass nicht genügend Einer vorhanden sind.

Einige Kinder finden die Lösung selbst, anderen können Sie den Vorschlag machen, dass sie falsch spielen dürfen, dass sie etwas zu viel wegnehmen dürfen, wenn sie es hinterher wieder korrigieren. Es gibt auch Kinder, denen Sie zielgerichteter helfen müssen. Ich zeige Ihnen die drei Möglichkeiten:

Wenn Kinder das Verfahren selbst herausfinden:

➜ *Bei diesem Beispiel überlasse ich Ihnen das Versprachlichen. Erstaunlich viele Kinder finden die richtige Versprachlichung selbst. Sie hören sich diese Versprachlichung selbstverständlich an, stellen Sie mit der Handlung dar und dann akzeptieren Sie sie.*
Falls erforderlich, müssen Sie die Versprachlichung korrigieren, sodass sie mit der tatsächlichen Handlung übereinstimmt.

Mit einem kleinen Anstoß:

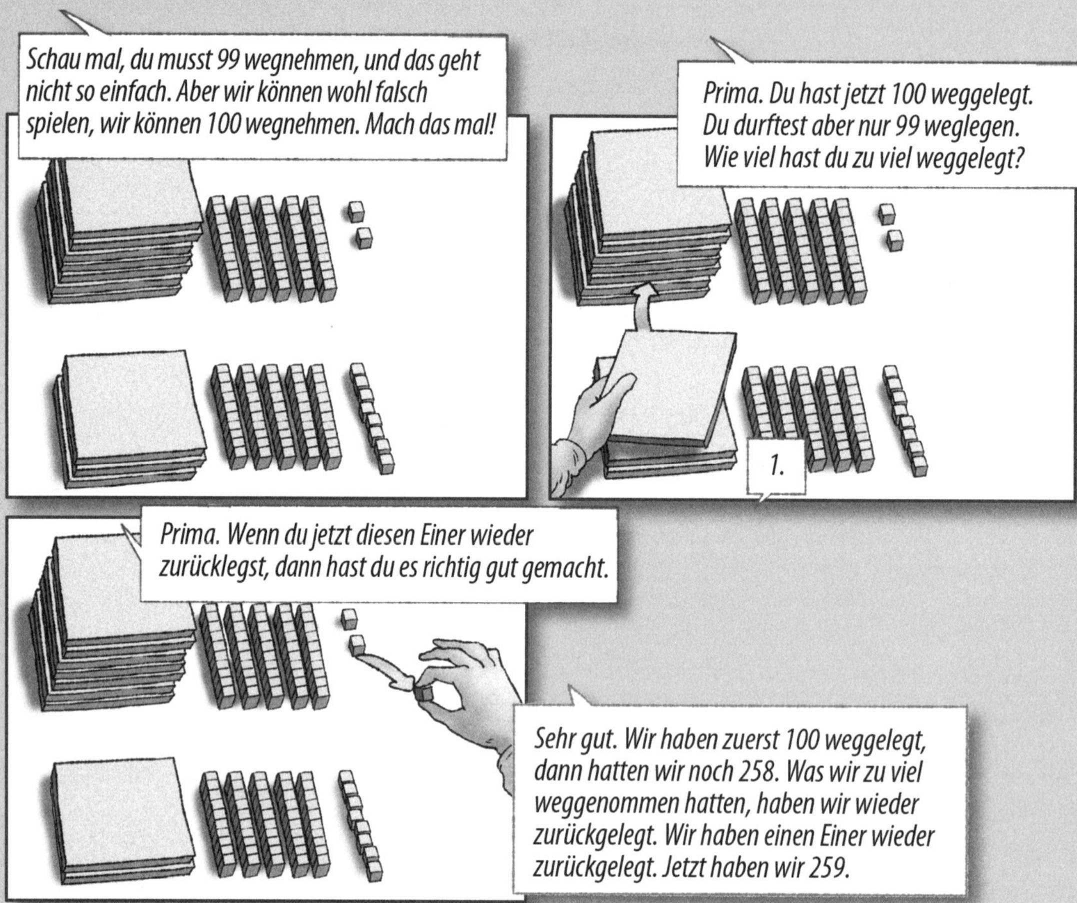

Und schließlich:

Wenn das Kind die vorige Handlung nicht begreift, können Sie vorsichtig versuchen, die Handlung selbst auszuführen. Manche Kinder entwickeln dann doch noch das Verständnis; wenn dies nicht der Fall ist, lassen Sie dieses Verfahren am besten eine Weile auf sich beruhen.

Wie bereits in der Grundübung angegeben, können nicht alle Kinder dieses Verfahren inhaltlich nachvollziehen. Häufig ist es sinnvoller, sie im rein rechnerischen Bereich weiter zu stärken und zu einem späteren Zeitpunkt diese Grundübung noch einmal anzubieten.

➜ *Nicht alle Kinder erreichen zum selben Zeitpunkt dasselbe Niveau. Im Klassenverband ist eine weitgehende Differenzierung fast nicht realisierbar. Sie können die Kinder jedoch auf Klassenebene Aufgaben wie diese entsprechend ihren Fähigkeiten lösen lassen. Kinder, für die der oben angegebene Übungsverlauf unverständlich bleibt, kommen vermutlich mit schriftlichem Rechnen ein ganzes Ende weiter.*

Grundübung

Erweiterung der Fertigkeit

Sie übernehmen die vorige Grundübung jeweils mit anderen Ausgangszahlen (aber mit dem gleichen Material: 10 H, 10 Z, 10 E) und fordern die Kinder auf, eine Lösung zu finden für die Aufgaben + 99 // − 90 // + 90 // − 190 // + 190 // + 199 // − 199.

Die Grundübung wird vollständig mit Material ausgeführt und die Handlung wird sofort versprachlicht. Die Suche nach einem geeigneten Notationsschema kann durchaus verschoben werden.

Spiel: „Rechenaufgaben raten"

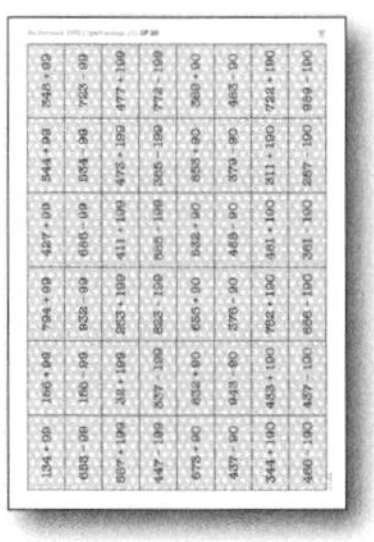

Material
- Spielmaterial SP 20: Aufgabenkarten
- 10 Einer, 10 Zehner und 10 Hunderter je Kind
- Stift und Papier für jedes Kind

Anzahl Spieler 2-4

Vorbereitung Drucken Sie die Aufgabenkarten für jede Kindergruppe aus. Legen Sie die Karten mit der Rückseite nach oben in die Mitte des Spielfeldes.

Spielablauf Eines der Kinder beginnt und zieht eine Aufgabenkarte. Es zeigt die Handlung, die zu dieser Aufgabe gehört, und wendet dabei das gerade erlernte Verfahren an. Alle anderen Kinder notieren die Aufgabe, die zu der gezeigten Handlung gehört. Das im Uhrzeigersinn am nächsten sitzende Kind, das die richtige Aufgabe notiert hat, darf jetzt eine neue Karte ziehen.

Nachdem die Kinder eine Weile mit dem Material gearbeitet und das Verfahren flexibel angewendet haben, können Sie die Suche nach einem Notationsschema wie folgt betreuen:

Grundübung

Fragen Sie die Kinder, was sie jetzt gerade immer wieder gemacht haben. In den letzten Jahren konnte ich zum Beispiel folgende Angaben notieren:

„Ich spiele ein bisschen falsch und dann verbessere ich das."

"Was ich zu viel dazulege, muss ich hinterher wieder wegnehmen, und was ich zu viel wegnehme, muss ich später hinzufügen."

„Ich mache aus einer Zahl eine runde Zahl, ich merke mir, wie ich das gemacht habe, führe die Aufgabe mit der gerundeten Zahl aus und verbessere mit dem, was ich mir gemerkt habe."

...

Fragen Sie die Kinder, wie sie sich das merken werden. Sie können verschiedene Notationsschemata aufzeigen.

	456 − 99	456 + 99
Notation 1	456 − 100 = 356 356 + 1 = 357	456 + 100 = 556 556 − 1 = 555
Notation 2	456 − 100 + 1 = 357	456 + 100 − 1 = 555
Notation 3	456 ... 356 ... 357	456 ... 556 ... 555
Notation 4	Schema Hantel	Schema Wippe

Die Kinder können die Handlung auch durch Gesten ersetzen, wie wir das ab und zu bereits in vorhergehenden Grundübungen gezeigt haben.

Spiel: „Fliesenspiel"

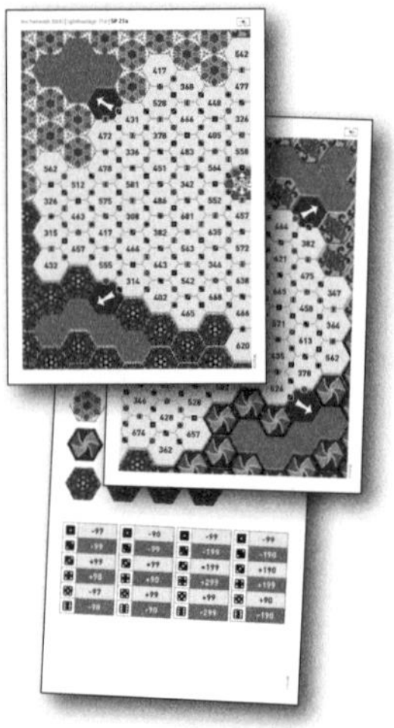

Material
- Spielmaterial SP 21a und b: Fliesenspiel
- Spielmaterial SP 21c: Fliesen und Auftragskarten
- 10 Einer, 10 Zehner und 10 Hunderter je Kind
- 2 Würfel
- ein Spielstein pro Kind
- Stift und Papier für jedes Kind

Anzahl Spieler 2-4

Vorbereitung Drucken Sie das Spielfeld aus und setzen Sie es zusammen. Geben Sie jedem Kind 4 verschiedene Fliesen und einen Spielstein. Wählen Sie für jedes Kind eine Auftragskarte.

Spielablauf Es müssen Fußböden gefliest werden und die Arbeiter bekommen einen ziemlich merkwürdigen Auftrag. Sie müssen nämlich so schnell wie möglich auf jeden Fußboden eine passende Fliese legen.

Die Kinder setzen ihren Spielstein auf das Feld in der Mitte. Alle Felder sind von Linien mit kleinen Würfeln darauf umgeben. Das sind die Türen der Zimmer. Das Kind, das an der Reihe ist, würfelt mit beiden Würfeln. Das Kind würfelt auf diese Weise zwei Zahlen. Es darf jede Zahl einmal benutzen, um durch eine Tür zu gehen.

Mit einer 1 darf es zum Beispiel nur eine Tür mit dem Würfelbild 1 durchschreiten. Das Kind rückt seinen Spielstein auf das entsprechende Feld vor.

Die zweite Tür, die es durchschreiten will, muss das Kind mit einer Aufgabe „bezahlen". Das Feld, auf dem der Spielstein des Kindes steht, entspricht der Anfangszahl für die Rechenaufgabe, die Zahl der Tür (Würfelbild) entspricht einer Addition oder Subtraktion auf seiner Auftragskarte. Das Kind löst die Rechenaufgabe; dabei darf es Zwischensummen aufschreiben oder Gesten benutzen. Im Falle eines Zweifels kontrolliert ein anderes Kind mit dem Material das Ergebnis. Wenn es falsch ist, darf der Spielstein nicht versetzt werden.

Wer gewinnt Wer als Erster alle Fliesen auf dem richtigen Boden verlegen konnte, gewinnt das Spiel. Die Spielzeit wird erheblich verkürzt, wenn Sie diese Regel ändern in: Wer als Erster eine Fliese verlegen kann, gewinnt das Spiel.

Das Addieren mehrerer großer Zahlen

Auch hier verdeutlicht das Material mehr, als Worte ausdrücken können. Im Gegensatz zum vorigen Teil fordern wir die Kinder hier viel schneller auf, ihr Vorgehen gut zu beobachten und zu formalisieren.

Grundübung

Wir arbeiten hier mit Aufgaben des Typs 158 + 225 + 361 + 195 =

Wir fordern die Kinder auf, alle diese Zahlen mit Material darzustellen. Die Aufgabe „Füge sie zusammen" ist auf diesem Niveau nicht schwer. Die Aufgabe „Pass gut auf, wie du das gemacht hast, du musst es mir gleich sagen können", ist viel schwieriger. Sie können ihnen gern den Ratschlag geben, schon bei der Handlung gut zu versprachlichen, was sie tun. Dies kann wie folgt geschehen:

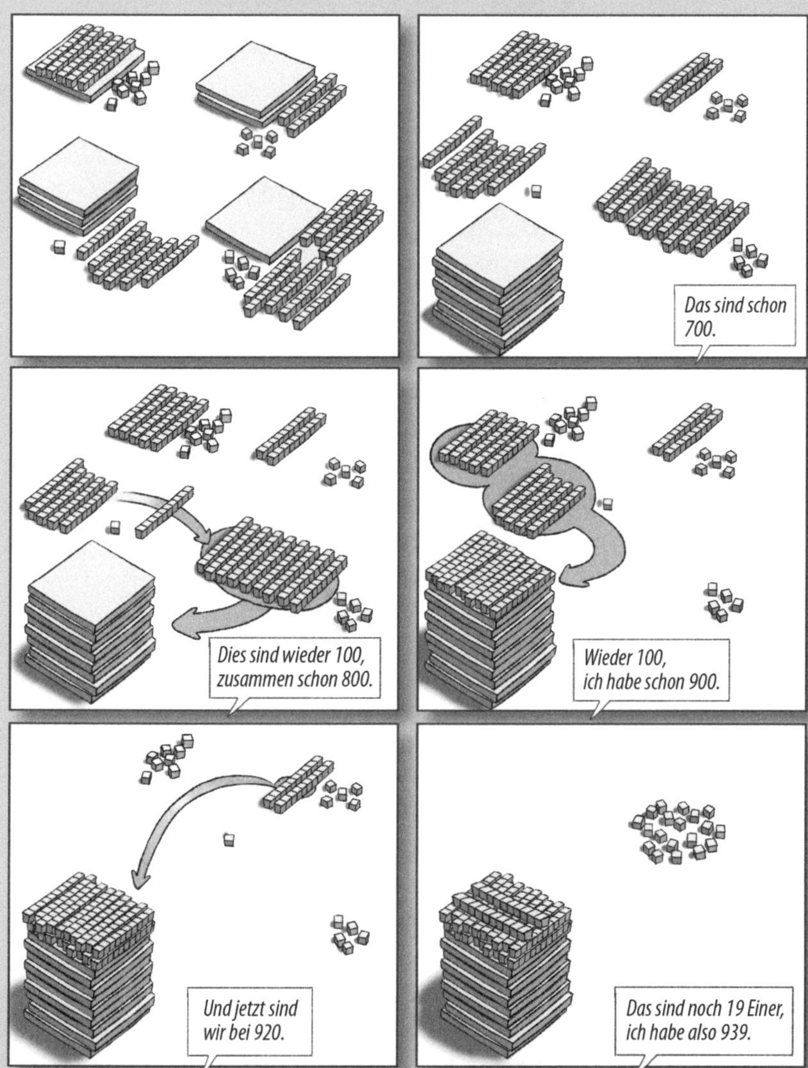

Dieses Kind hat die Zwischenergebnisse versprachlicht, jedoch nicht die Handlung. Es ist spannend zu erfahren, ob es sich noch daran erinnern kann, dass es als Erstes die Hunderter zusammengefügt hat, danach Gruppen aus Zehnern machte, die übrigen Zehner hinzufügte und dann die Einer in einem Haufen dazuzählen konnte.

Die oben stehende Aufgabe kann auch anders gelöst werden. Es gibt Kinder, welche die ersten beiden Zahlen und danach die beiden letzten Zahlen zusammenfassen. Anschließend fügen Sie die beiden Summen zusammen.

Es kommt nicht darauf an, welchen Weg ein Kind wählt. Das Material sorgt dafür, dass keine fundamentalen Fehler gemacht werden können. Die Versprachlichung und vor allem die Aufmerksamkeit im Hinblick auf das angewandte Verfahren sind viel wichtiger. Für den folgenden Einübungsvorschlag können Sie jeweils 3 Kinder zusammenarbeiten lassen, damit das Verfahren völlig einleuchtet.

Einübungsvorschlag: Verknüpfen des Handelns, des Versprachlichens und der Notation

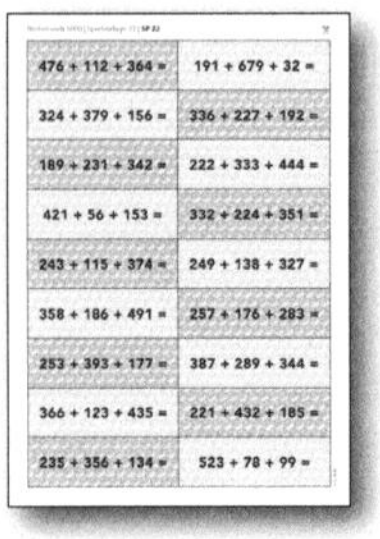

476 + 112 + 364 =	191 + 679 + 32 =
324 + 379 + 156 =	336 + 227 + 192 =
189 + 231 + 342 =	222 + 333 + 444 =
421 + 56 + 153 =	332 + 224 + 351 =
243 + 115 + 374 =	249 + 138 + 327 =
358 + 186 + 491 =	257 + 176 + 283 =
253 + 393 + 177 =	387 + 289 + 344 =
366 + 123 + 435 =	221 + 432 + 185 =
235 + 356 + 134 =	523 + 78 + 99 =

Material
- Spielmaterial SP 22: Aufgabenkarten
- 10 Einer, 10 Zehner und 10 Hunderter je Gruppe
- Stift und Papier für jede Gruppe

Anzahl Spieler 3

Vorbereitung Drucken Sie die Aufgabenkarten aus und legen Sie sie mit der Rückseite nach oben an den Rand des Spielfeldes. Jedes Kind hat eine andere Rolle; nach 3 Übungsrunden rotieren diese Rollen.

Verloop Die Kinder entscheiden, wer mit welcher Rolle beginnt.

a) Materialmeister: Dieses Kind darf nicht sprechen und nicht schreiben. Es wendet das Material an und führt aus.

b) Schreiber: Dieses Kind darf das Material nicht berühren und nicht sprechen. Es notiert einzig, was mit dem Material geschieht.

c) Sprecher: Dieses Kind darf das Material nicht berühren und nicht schreiben. Es versprachlicht, was mit dem Material geschieht.

1. Runde:

Der Materialmeister spielt jetzt als Erster. Er nimmt eine Aufgabenkarte und das passende Material. Sobald er Material berührt, notiert der Schreiber, was der Materialmeister macht, und sagt der Sprecher, was der Materialmeister tut.

Zunächst nimmt der Materialmeister das Material, schreibt der Schreiber die Aufgabe ab und liest der Sprecher die Aufgabe laut vor. Anschließend wählt der Materialmeister in aller Stille eine Lösungsstrategie.

2. Runde:

Jetzt zieht der Schreiber eine Karte. Er bestimmt jetzt, was der Materialmeister machen und der Sprecher versprachlichen soll.

Es beginnt mit dem Abschreiben der Aufgabe, so dass der Materialmeister jedes Mal das Material nehmen und der Sprecher dies versprachlichen kann.

Der Schreiber entscheidet jetzt selbst, was am einfachsten zusammenpasst; die anderen Spieler folgen ihm auf den Fuß.

3. Runde

Natürlich ist jetzt der Sprecher an der Reihe und die beiden anderen Spieler müssen ihm folgen.

Nach drei Runden werden die Rollen getauscht.

Fortgeschrittenes Multiplizieren

Für eine Reihe von Verfahren des fortgeschrittenen Multiplizierens bietet die Verwendung des Dienes-Materials großen Nutzen. Eine gute Kenntnis der Einmaleinsreihen ist immer wieder ein wesentlicher Faktor beim Verstehen und Aneignen dieser Verfahren. Deshalb besprechen wir zuerst die Einmaleinstafel als Hilfsmittel. Außerdem kommen die folgenden Themen zur Sprache:

- Multiplizieren mit einem Zehnerfaktor
- Spannungsfeld zwischen 20 • 23 und 12 • 23
- Das Doppelte und die Hälfte

Einmaleinstafel

Eine Reihe von Kindern kann sich trotz ausdauernder und zielgerichteter Bemühungen die Einmaleinsreihen nicht einprägen. Sie vergessen sie immer wieder, verwechseln die Ergebnisse und müssen stets erneut bis zur Erschöpfung die ganze Reihe aufsagen. Für diese Kinder ist eine Einmaleinstafel ein wichtiges Hilfsmittel. Sie bietet ihnen die Möglichkeit – trotz einer unzureichenden Multiplikationsfertigkeit und einer begrenzten Faktenkenntnis – mathematische Denkverfahren zu erfassen. Natürlich befinden sich unter diesen Kindern auch solche, für die auch die gesamte Mathematik ein unentwirrbares Knäuel bleibt. Aber für alle anderen hat die Einmaleinstafel eine ähnliche Funktion wie die Brille für Sehbehinderte: Ohne sie ist der Zugang zur weiteren Entwicklung versperrt. Das wäre schade.

Funktionsweise

1	2	3	4	5	6	7	8	9	10
2	4	6	8	10	12	14	16	18	20
3	6	9	12	15	18	21	24	27	30
4	8	12	16	20	24	28	32	36	40
5	10	15	20	25	30	35	40	45	50
6	12	18	24	30	36	42	48	54	60
7	14	21	28	35	42	49	56	63	70
8	16	24	32	40	48	56	64	72	80
9	18	27	36	45	54	63	72	81	90
10	20	30	40	50	60	70	80	90	100

Bei einer Einmaleinstafel stehen die Faktoren von 1 bis 10 am oberen Rand und an der linken Seite. An den Schrittpunkten der Zeilen und Spalten stehen jeweils die Produkte der jeweiligen Faktoren.
Wie Sie sehen, sind die vertikalen Streifen farblich markiert. Diese Markierung hilft den Kindern sowohl beim Festhalten der geraden Zeile als auch bei einer sekundären Einübung der Reihen. Alle Zahlen in der blauen Spalte gehören zusammen, stammen aus derselben Einmaleinsreihe.

➜ *Dass die Farbgebung vertikal verläuft, hängt damit zusammen, dass auf diese Weise die Karte auch zum Vereinfachen einfacher Brüche benutzt werden kann. Wenn ich einen Bruch in einer Farbe entdecke (zum Beispiel $\frac{15}{27}$ in der 3er-Spalte), kann ich diesen kürzen, indem ich die Reihen nach links verfolge:* $\frac{15}{27} = \frac{10}{18} = \frac{5}{9}$.

Die Kinder können auch Anfangsdivisionen aus der Einmaleinskarte ablesen. Wenn ich 45 durch 9 teilen will, schaue ich in der 9er-Spalte, ob ich hier die 45 finde. Da diese 45 sowohl in der 9er- als auch in der 5er-Spalte steht, weiß ich, dass 45 : 9 = 5 und dass 45 : 5 = 9 ist.

Ich biete die Einmaleinstafel immer komplett an. Die Verführung ist groß, die Produkte einer „einfachen" Einmaleinsreihe abzudecken. Vor allem für Kinder mit einem schweren und dauerhaften Problem untergräbt dies die Stärke der Tafel. Sie können dann nicht mehr sicher sein, dass das Produkt, das sie suchen, wirklich auf der Tafel steht.

Vorteile

Mit dem Anbieten der Einmaleinstafel halten wir die Tür zur Entwicklung des mathematischen Denkens offen. Das Nichtbeherrschen der Einmaleinsreihen ist keine Behinderung mehr und die Energie, die die Kinder früher in das endlose Aufsagen der Reihen gesteckt haben, kann jetzt in andere Aspekte des Rechnens investiert werden.
Ich habe auch viele Kinder erlebt, die – vor allem durch den Wegfall des Drucks, die Einmaleinsreihen im Kopf behalten zu müssen – sich nachträglich mehrere Produkte einprägten.

Nachteile

Ein solches Hilfsmittel hat jedoch zu viele Nachteile, um es bedenkenlos jedem Kind in die Hand zu geben. Die Kinder sind von der Tafel abhängig, die Suche der Produkte ist zeitaufwändig und sowohl die Kinder als auch ihre Mitschüler sind sich über den alternativen Weg im Klaren, den sie gehen, um zur Mathematik zu gelangen.

Kriterium

Es ist zum Glück nicht so schwierig den Zeitpunkt zu bestimmen, wann Sie am besten die Einmaleinstafel anbieten. Wenn für den nächsten Schritt in der rechnerischen/mathematischen Entwicklung die Beherrschung der Einmaleinsreihen erforderlich ist und das Kind diese Fähigkeit nicht in ausreichender Weise erworben hat, bieten Sie für diese speziellen Schritte eine Einmaleinstafel an. Das bedeutet, dass – auf jeden Fall in der Rechenwelt bis 1000 – Kinder bei der einen Aufgabe wohl eine Tafel benutzen können, bei einer anderen jedoch nicht. In einer späteren Phase können Sie bei den Kindern, die dauerhaft Schwierigkeiten haben, beschließen, dass sie immer und überall die Einmaleinstafel benutzen können.

Multiplikationen des Typs 10 • ZE

Viele der Hindernisse, die Kinder bei Multiplikationen diese Typs bewältigen müssen, hängen mit dem Einblick in den Zahlenaufbau zusammen. Das Dienes-Material ist dabei – auf jeden Fall in der Anfangsphase – sehr nützlich. Anschließend machen wir den Schritt vom materiellen Handeln zum Notieren in der Stellentafel mit den Einheiten.

➜ *Es ist äußerst verführerisch, den Kindern schnell beizubringen, dass • 10 dasselbe ist, wie eine „Null" anhängen. Dies führt selbstverständlich immer zu einer richtigen Antwort, jedoch ohne Einsicht. Und gerade das sorgt für Unsicherheit.*

Grundübung

10 • etwas

Sie geben dem Kind die Aufgabe 10 • 23 und fordern es auf, diese mit dem Dienes-Material anzugeben. Sie ordnen die 10 Gruppen von 23 so, dass die Zehner beziehungsweise Einer jeweils untereinander liegen. Aufgrund der vorigen Aufgaben erkennt das Kind, dass 10 • 2 Z eingetauscht werden können in 2 H und 10 • 3 E in 3 Z.

Zum Zeitpunkt des Eintauschens zeigen Sie dem Kind, was dies in der Stellentafel bedeutet. Das kann wie folgt geschehen:

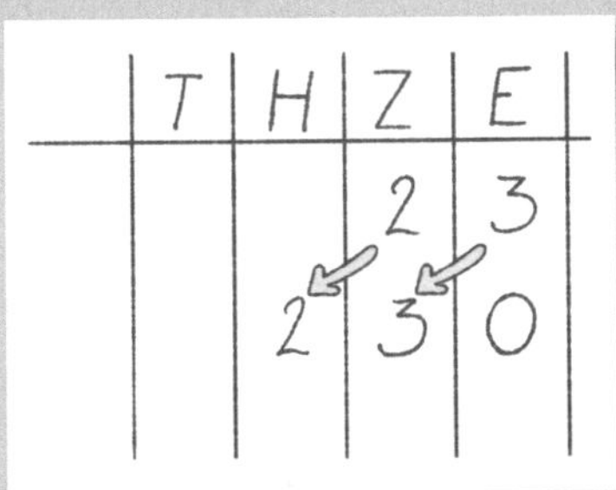

Schau mal, ich schreibe diese 23 in die Stellentafel. Du hast hier sehr schön 10 • 23 hingelegt. Die 10 • 2 Z werden jetzt 2 H. Das schreibe ich auch so in die Tabelle. Die 10 • 3 E werden 3 Z. Das schreibe ich auch hier in die Tabelle. Und schau mal, jetzt gibt es keinen einzigen Einer mehr. Nun sage mir einmal, warum 10 • etwas so einfach ist.

20, 30, 40 ... • etwas nehmen

Wir kommen nun zu einem Punkt, an dem das Dienes-Material seine unmittelbare Stärke verliert. Die Menge wird zu groß, um effektiv ausgeführt zu werden. Das Material kann gerade noch den Anstoß geben, um vom materiellen Handeln aus den Schritt zum ideellen Handeln zu machen. Dies können Sie wie folgt tun:

Grundübung

Übergang vom materiellen Handeln zum ideellen Handeln

Ich will dir jetzt zeigen, wie du 20 • 23 ausrechnen kannst. Zwanzig mal 23 bedeutet, dass wir 20 Gruppen von 23 nehmen müssen. Das ist eine Menge Arbeit. Du wirst sehen, dass wir uns viel Arbeit ersparen können. Nimm zunächst einmal 10 • 23. Du weißt schon, dass es einfach ist, dies auszurechnen. Nun, um 20 • 23 zu rechnen musst du das, was du jetzt hast, noch ein zweites Mal nehmen. Ich denke, dass du dir das auch ohne Material vorstellen kannst.

Also eigentlich ist 20 • 23 dasselbe wie 2 • 10 • 23.

Versuche jetzt herausfinden, wie du bequem 30 • 15 nehmen kannst. Nimm zunächst einmal 10 • 15 und sage mir, wie du dann weiter vorgehen musst.

Spiel: „Domino, als Variante einige Aufgaben des Typs 20 • 23"

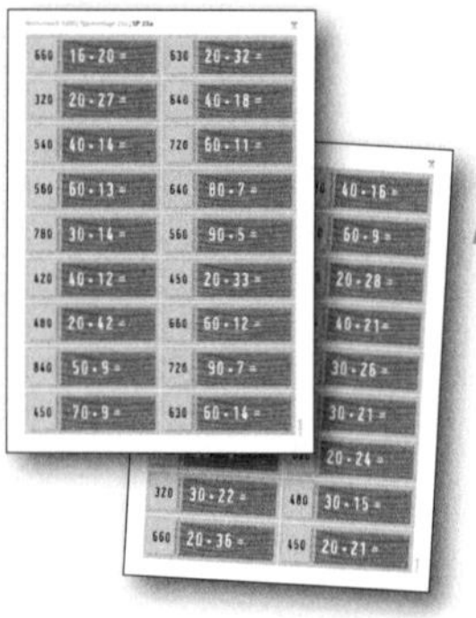

Material
- Spielmaterial SP 23a und b: Domino-Variante 1
- 10 Einer, 10 Zehner und 10 Hunderter je Gruppe Spieler
- wasserlösliche Stifte
- Stift und Papier für jedes Kind

Anzahl Spieler 2-4

Vorbereitung Drucken Sie das Spielmaterial aus. Laminieren Sie es und schneiden Sie die Karten aus. Legen Sie alle Karten mit der Rückseite nach oben an den Spielfeldrand.

Spielablauf Jedes Kind nimmt 5 Karten und rechnet die Aufgaben aus. Wer dies braucht, darf das Dienes-Material zu Hilfe nehmen. Wer möchte, darf die Handlung zeichnend unterstützen. Es werden auch 2 Startkarten offen in die Mitte des Spielfeldes gelegt. Die Kinder, die zuerst mit dem Ausrechnen ihrer Karten fertig sind, rechnen auch die Startkarten aus. Reihum versucht jedes Kind, eine seiner Karten an eine der Startkarten anzulegen. Dies ist möglich, wenn die Aufgabe auf der eigenen Karte dasselbe Ergebnis zeigt wie die Zahl im linken Feld einer der Startkarten oder wenn das Ergebnis der Aufgabe auf einer der Startkarten dieselbe Zahl ist wie auf dem linken Feld der eigenen Karte. Wenn ein Kind eine Karte anlegen kann, ist es nicht mehr an der Reihe und das nächste Kind darf spielen.
Wenn ein Kind nicht anlegen kann, muss es eine neue Karte vom verdeckten Stapel ziehen und ist nicht mehr an der Reihe. Während die anderen Kinder spielen, rechnet es das Ergebnis seiner neuen Aufgabe aus.

Wer gewinnt Wer als Erster alle Karten ausgespielt hat, gewinnt das Spiel.

➜ *Bei diesem Spiel kann die Reihe der Antwortkarten leicht zu lang werden. Sobald mehr als 3 Karten in der Reihe liegen, können Sie die mittleren Karten aufeinanderlegen.*

20 • 23 versus 12 • 23

Es entsteht sehr schnell ein Spannungsfeld zwischen dem Verfahren einerseits 20 • 23 zu lösen und dem Verfahren 12 • 23 zu lösen. Für die Kinder ist es eine Herausforderung selbst zu entdecken, dass man den ersten Faktor in aufeinanderfolgende Faktoren (20 = 2 • 10) oder in Summanden (12 = 10 + 2) aufteilen kann.

➜ *Ich selbst muss mich in dieser Phase immer stark zurücknehmen. Es ist so verführerisch, den Kindern hier Verfahren und Notationsschemata an die Hand zu geben. Es würde so viel schneller gehen. Hinterher stelle ich jedoch immer wieder fest, dass die Kinder, denen die Zeit eingeräumt wurde, aus dem umständlichen materiellen Handeln heraus selbst ihren Weg zu suchen, in der direkt daran anschließenden Phase die Notationsschemata vollständig begriffen. Ihnen macht es nichts aus, wenn die Lehrerin in der Schule und die Mama zu Hause unterschiedliche Erklärungen bereithalten. Wenn den Kindern jedoch in einem frühen Stadium ein Verfahren oder ein Notationsschema angeboten wird, übernehmen sie dies meistens sehr schnell, machen sich jedoch keine Gedanken mehr über die zugrunde liegende Wirklichkeit. Zunächst finden sie schnell richtige Lösungen, langfristig haben sie jedoch denjenigen Kindern gegenüber das Nachsehen, die tatsächlich Einblick in die Materie haben. Hier gilt noch mehr als anderswo, dass Eile und Geschwindigkeit selten gut sind.*

Sie können den Kindern sowohl mit dem Dienes-Material als auch mit unterstützenden Zeichnungen weiterhelfen. Ich bespreche dies in zwei aufeinanderfolgenden Grundübungen.

Grundübung

20 • 23 versus 12 • 23 mit dem Dienes-Material

Geben Sie dem Kind beide Aufgaben. Fordern Sie es auf, beide Aufträge mit dem Dienes-Material zu nehmen und dieses so anzuordnen, dass die Aufgaben leicht auszurechnen sind.

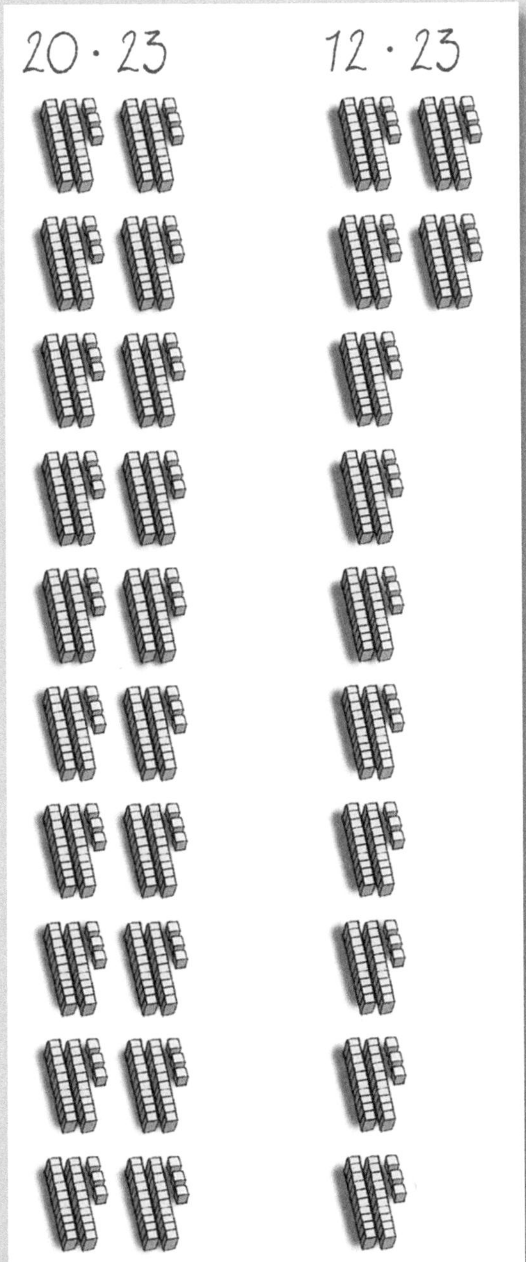

Vom Material aus betrachtet sehen die meisten Kinder den Unterschied deutlich. Helfen Sie ihnen, eine Notation/Versprachlichung zu finden, mit deren Hilfe sie auch ohne Material diese Erkenntnis abrufen können.

Für das eine Kind wird dies sein:

20 • 23 = 2 Mal eine Gruppe von 10 • 23

12 • 23 = eine Gruppe von 10 • 23 und noch zwei einzelne Gruppen von 23

Für ein anderes Kind wird dies sein:

20 = 2 • 10, also (2 • 10) • 23

12 = 10 + 2, also (10 + 2) • 23

Selbstverständlich gibt es noch andere richtige Varianten.

Im Schema wird dies zu:

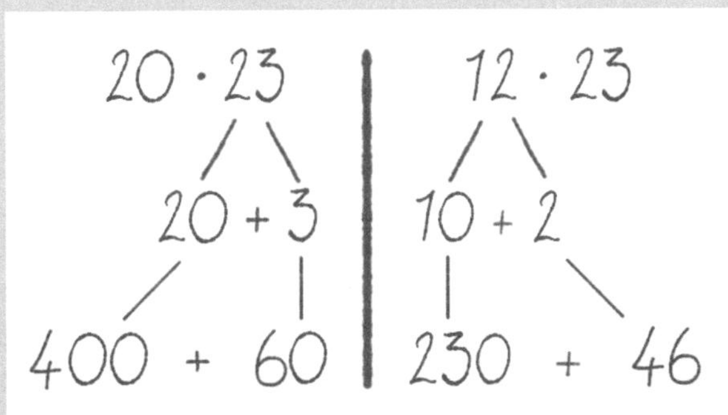

Grundübung

20 • 23 versus 12 • 23 mit unterstützenden Zeichnungen

Geben Sie dem Kind beide Aufgaben und zeigen Sie ihm Folgendes:

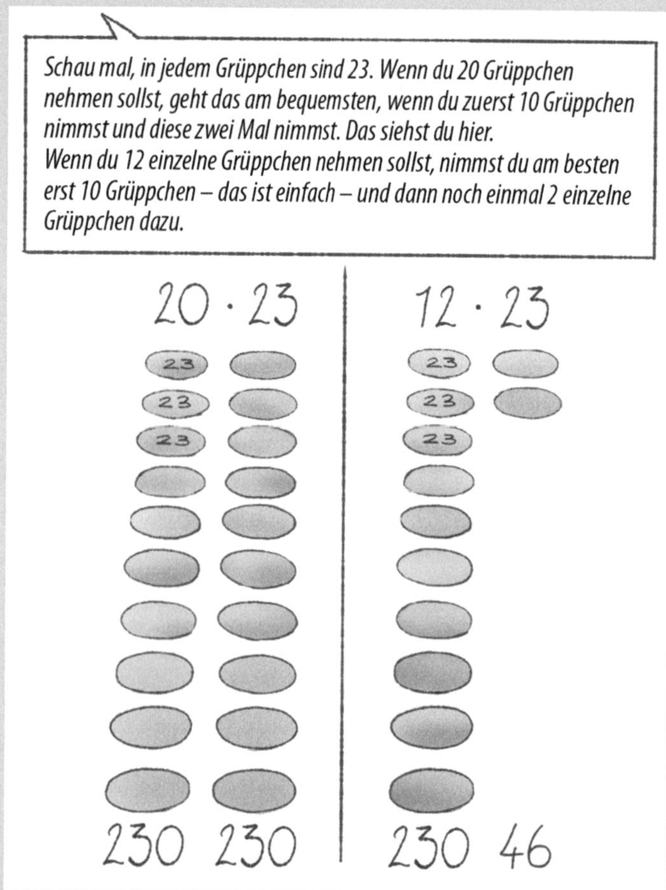

Spiel: „Domino, Variante gemischte Aufgaben 20 • 23 versus 12 • 23"

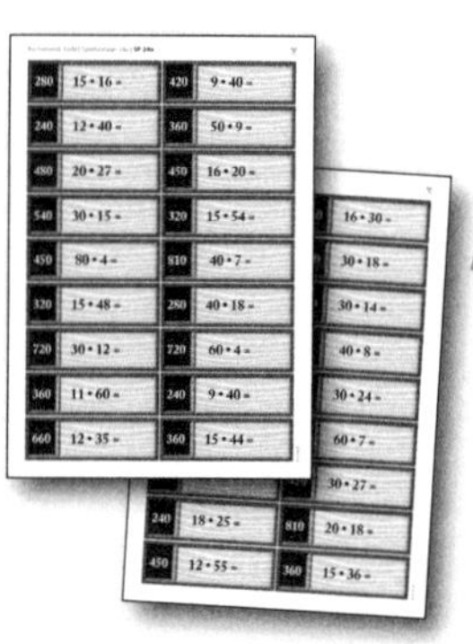

Material
- Spielmaterial SP 24a und b: Domino-Variante 2
- 10 Einer, 10 Zehner und 10 Hunderter je Gruppe Spieler
- wasserlösliche Stifte
- Stift und Papier für jedes Kind

Anzahl Spieler 2-4

Spielablauf Der Spielablauf ist mit dem des vorigen Dominos von Seite 90 identisch, lediglich die Aufgaben auf den Karten haben ein schwierigeres Niveau. Auf diese Weise können Sie die Gruppen auf unterschiedlichen Niveaus gleichzeitig spielen lassen.

Das Doppelte und die Hälfte

Im Wesentlichen gehört „die Hälfte von etwas nehmen" zum Dividieren, das Verdoppeln gehört zum Multiplizieren. Beide Rechenstrategien sind jedoch zu stark miteinander verbunden, um sie getrennt nach Multiplikation und Division zu behandeln. Im Praxisbuch „Rechenwelt bis 100" kam diese Strategie schon mit einfachen Zahlen zur Sprache. In der Rechenwelt bis 1000 gibt es einen zusätzlichen Schwierigkeitsgrad. Sowohl beim Verdoppeln als auch beim Halbieren können aufeinanderfolgende Überschreitungen der Einheiten für Schwierigkeiten sorgen. Das Doppelte von 379 und die Hälfte von 774 sind viel schwieriger zu berechnen als das Doppelte von 123 und die Hälfte von 842. Das Dienes-Material ist in der Einblickphase ein gutes Hilfsmittel.

➜ *Da wir davon ausgehen können, dass sich die Kinder sowohl die Begriffe „die Hälfte" und „das Doppelte" als auch das Verfahren bereits auf der Ebene der Rechenwelt bis 100 angeeignet haben, arbeite ich lediglich eine Grundübung für die schwierigen Überschreitungen der Einheiten aus.*

Grundübung

Verdoppeln

Geben Sie dem Kind die Aufgabe, 2 • 276 in Dienes-Material zu nehmen. Erteilen Sie dem Kind anschließend die Aufgabe, beide Mengen zusammenzufügen, dabei jedoch genau zu beobachten, was es tut, sodass es Ihnen dies danach mitteilen kann. Dies ist bei jedem Kind anders. Achten Sie darauf, dass die Verknüpfung von Handlung und Versprachlichung korrekt ist. Sie helfen selbstverständlich den Kindern, denen die Versprachlichung nicht von allein gelingt. Dies geschieht am besten, indem Sie versprachlichen, was das Kind macht. In einer zweiten Phase können Sie das Kind auffordern zu sagen, was es tut.

Wenn Sie die Kinder zusammen arbeiten lassen, können Sie sie auffordern, miteinander zu überlegen, wie sie am besten vorgehen. Anschließend können die Strategien besprochen werden.

Folgende Strategien sind möglich:

A: Das Kind legt die H, Z und E untereinander und verdoppelt auf diese Weise eigentlich zuerst jede Einheit. Danach werden die Zwischenergebnisse addiert.

B: Manche Kinder behalten die Ausgangszahl als Ganzes bei und fügen (mit oder ohne Kopfrechnen) die anderen Einheiten nacheinander hinzu. Sie verdoppeln eigentlich nicht, sondern addieren. Wenn sie dies rasch und korrekt ausführen, akzeptiere ich dies als ihre Strategie. Ich werde sie aber immer auffordern, einmal die anderen Strategien wahrzunehmen.

C: Manche Kinder trennen die 250 und die restlichen 26. Sie verdoppeln zunächst die 250 und anschließend die 26 und gelangen so zu einer richtigen Antwort.

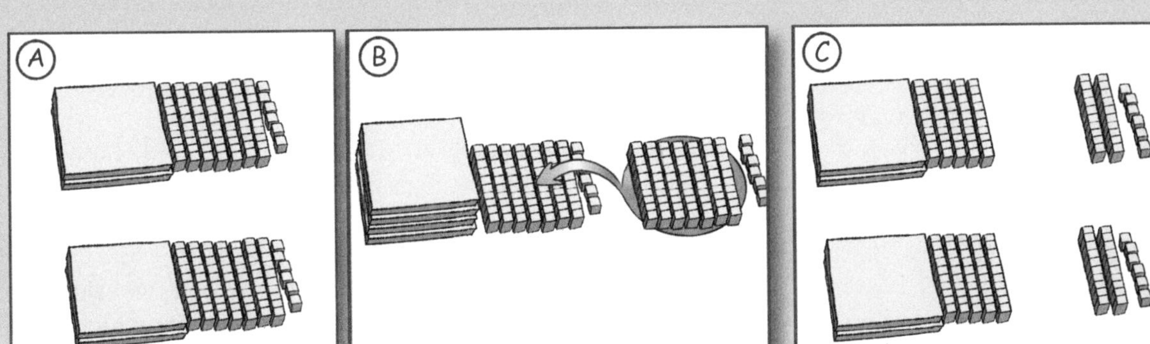

Beim Halbieren führt das Dienes-Material fast immer zum Austausch; dies ist auf dieser Ebene des Rechnens zu umständlich. Deswegen ist es besser, den Kindern sofort zu zeigen, wie sie sich die schwierige Verteilung vorstellen können.

Grundübung

Halbieren

Sie nehmen 754 in Dienes-Material und teilen dem Kind mit, dass Sie dies halbieren werden. Sie geben auf jeden Fall schon einmal jeder Hälfte 3 H. Den 7. Hunderter nehmen Sie in die Hand und tun so, als würden Sie ihn zerbrechen. Sie fragen das Kind, wie viel Sie zu jeder Hälfte hinzufügen können, und helfen ihm, die Antwort „50" zu finden. Sie legen den Hunderter in die Mitte. Dann geben Sie zu jeder Hälfte 2 Z hinzu. Den letzten Z nehmen Sie in die Hand und tun so, als würden Sie ihn zerbrechen. Sie fragen das Kind erneut, wie viel es zu jeder Hälfte hinzufügen kann, und helfen ihm, auf „5" zu kommen. Die Einer aufzuteilen ist dann leicht.

Um nun zu einem Ergebnis zu kommen, müssen wir die verschiedenen Mengen zusammenfügen.

300 + 50 + 20 + 5 + 2

Wenn dies nicht reicht, um zu einem zügigen Halbieren zu kommen, können Sie den Kindern eine zusätzliche Einübungsmöglichkeit mit dem Halbieren runder Zahlen geben. Dies geschieht wie folgt:

Grundübung

Halbieren runder Zahlen

Sie geben in schneller Folge die Aufgabe, Dienes-Material zu nehmen und zu verteilen. Sie beginnen mit leicht zu teilenden Mengen, zum Beispiel:

Die Hälfte von 40 // 600 // 80 // 6 // 200 // 400 // 60 ...

Dann fügen Sie unerwartet einen ungeraden Z oder H an. Beobachten Sie das Kind. Wenn es eintauschen will, unterbrechen Sie es, oder wenn es nicht weiß, was es damit anfangen soll, zeigen Sie ihm das Pseudobrechen der Platte oder des Stabs. Nach dieser Grundübung greifen Sie die oben stehende Grundübung wieder auf.

Spiel: „Ehrliche Räuber" (Spielregeln wie Schwarzer Peter)

Material
- Spielmaterial SP 25a, b, c und d: Karten ehrliche Räuber
- 10 Einer, 10 Zehner und 10 Hunderter je Gruppe Spieler
- ein wasserlöslicher Stift je Kind
- ein Sichtschutz je Kind (Bei Spielanfängern können Sie diesen weglassen, Sie können dann kontrollieren, ob sie richtig rechnen)

Anzahl Spieler 2-4

Vorbereitung Drucken Sie das Spielmaterial aus, laminieren Sie es und schneiden Sie die Karten aus. Legen Sie alle Karten mit der Rückseite nach oben auf das Spielfeld.

Spielablauf Die ehrlichen Räuber stehlen immer zu zweit und teilen ihre Beute ehrlich miteinander. Jeder hat also die Hälfte von dem, was sie zusammen haben. Sie sind jedoch auch Meister im Maskieren. Alle Räuber sehen völlig gleich aus. Du kannst die zusammengehörenden Paare finden, indem du schaust, ob du aus den beiden Hälften ein Ganzes machen kannst (die Zahl im Helm des Tauchers verdoppeln)

und so die Zahl in einer Schatzkiste erhältst oder ob du das Ganze noch verteilen musst (die Zahl in der Schatzkiste halbieren) und so eine Zahl aus einem der Helme erhältst. Es befindet sich jedoch ein falscher Räuber darunter, der die ganze Beute für sich allein behält.
Alle Kinder nehmen gleichzeitig eine Karte, legen sie hinter den Sichtschutz und tragen entweder das Doppelte oder die Hälfte ein. Wenn alle fertig sind, nehmen die Kinder erneut eine Karte und tragen das Doppelte oder die Hälfte ein. Dies wird fortgesetzt, bis alle Karten verteilt sind. Wenn ein Kind dabei bei sich ein Räuberpaar findet, darf es dieses ablegen. Wer in dieser Phase den falschen Räuber zieht, hat noch nicht verloren.
Wenn alle Karten verteilt sind, dürfen die Kinder reihum eine Karte vom vorigen Spieler ziehen. Wenn sie dadurch ein neues Räuberpaar finden, dürfen Sie dieses ablegen.

Wer verliert

Am Ende des Spiels bleibt der falsche Räuber übrig (Tintenfischkarte). Wer ihn zum Schluss besitzt, verliert das Spiel.

Fortgeschrittenes Dividieren

Auf dem Gebiet des Dividierens sind wir im Bereich der basalen Verknüpfung schon besonders weit fortgeschritten. Zu diesem Zeitpunkt haben wir das Spannungsfeld zwischen den verschiedenen Arten, wie wir das Teilen begreifen können, noch vermieden. Wir haben es zu diesem Zeitpunkt kurz zitiert. Wer 360 : 3 rechnen soll, wird wahrscheinlich an drei gleich große Gruppen denken, wer jedoch 360 : 60 rechnen soll, für den sind Gruppen von 60 praktischer. Damit die Kinder dies begreifen, lasse ich sie zunächst auf einfacher Ebene die verschiedenen Versprachlichungen erfahren.

Grundübung

Versprachlichung

Sie arbeiten dies am besten mit mehreren Kindern aus. Wenn Sie individuell arbeiten, können Sie die Aufgaben auch notieren. Geben Sie jedem Kind 24 Einer und fordern Sie sie nacheinander auf:

Verteile dies einmal in 4 gleiche Gruppen und schreibe die Rechenaufgabe auf.
Die meisten Kinder werden 24 : 4 = 6 aufschreiben.

Lege die Einer wieder zusammen.

Verteile Sie jetzt einmal in 6er-Gruppen und schreibe die Aufgabe auf. Jetzt werden Sie vermutlich sowohl die Notation 24 : 4 = 6 als auch 24 : 6 = 4 erhalten.

Jetzt können Sie den Kindern zeigen, dass es zwei Möglichkeiten gibt, das Dividieren zu betrachten.

Wenn ich die Aufgabe	*lese als*	*meine ich die Handlung*	*und das ist mein Ergebnis*
24 : 4 = 6	*Ich verteile 24 in 4 gleiche Gruppen,*	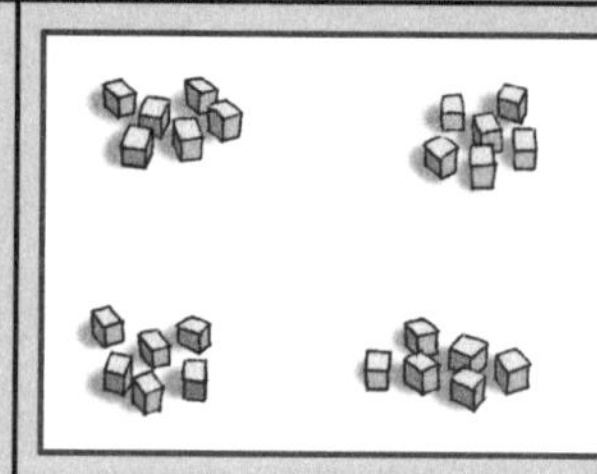	*6 Würfel in jeder Gruppe.*
24 : 4 = 6	*Ich kann 24 in Gruppen von 4 verteilen,*	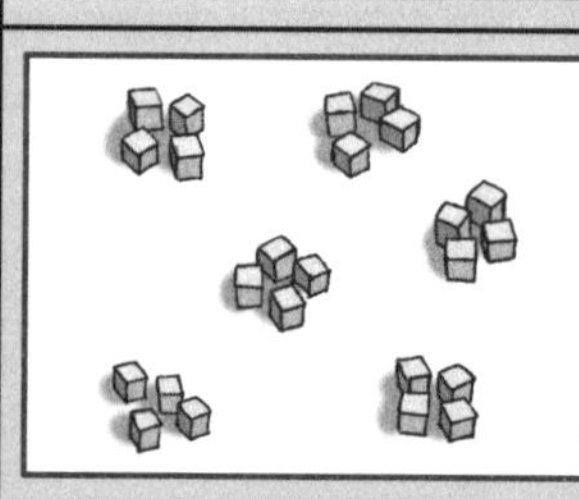	*6 Gruppen von 4 Würfeln.*

Die Versprachlichung des Teilens ist sehr verwirrend. Ohne diese Einsicht läuft das Kind aber Gefahr, sich bei der Aufgabe 360 : 6 versus 360 : 60 völlig zu verzetteln.

→ *Wenn diese Kinder früher gelernt haben, sich bei der Aufgabe 360 : 6 dadurch aus der Affäre zu ziehen, dass sie die 0 abdecken, wird ihnen jetzt die Rechnung präsentiert. Versuchen Sie einmal 36 auf 60 zu verteilen.*

Sie können wie folgt vorgehen:

Grundübung

Geben Sie dem Kind die Aufgabe, 360 mit Dienes-Material zu nehmen und dies auf 60 zu verteilen. Teilen Sie den Kindern mit, dass sie wie vorhin wählen dürfen, ob sie dies in 60 gleichen Gruppen oder in Gruppen von 60 machen. Das steht ihnen völlig frei. Möglicherweise wird jetzt kein einziges Kind versuchen, das Material erschöpfend einzutauschen, bis es 60 gleiche Gruppen hat.

6. Anhang
Arbeitsblätter

Arbeitsblätter

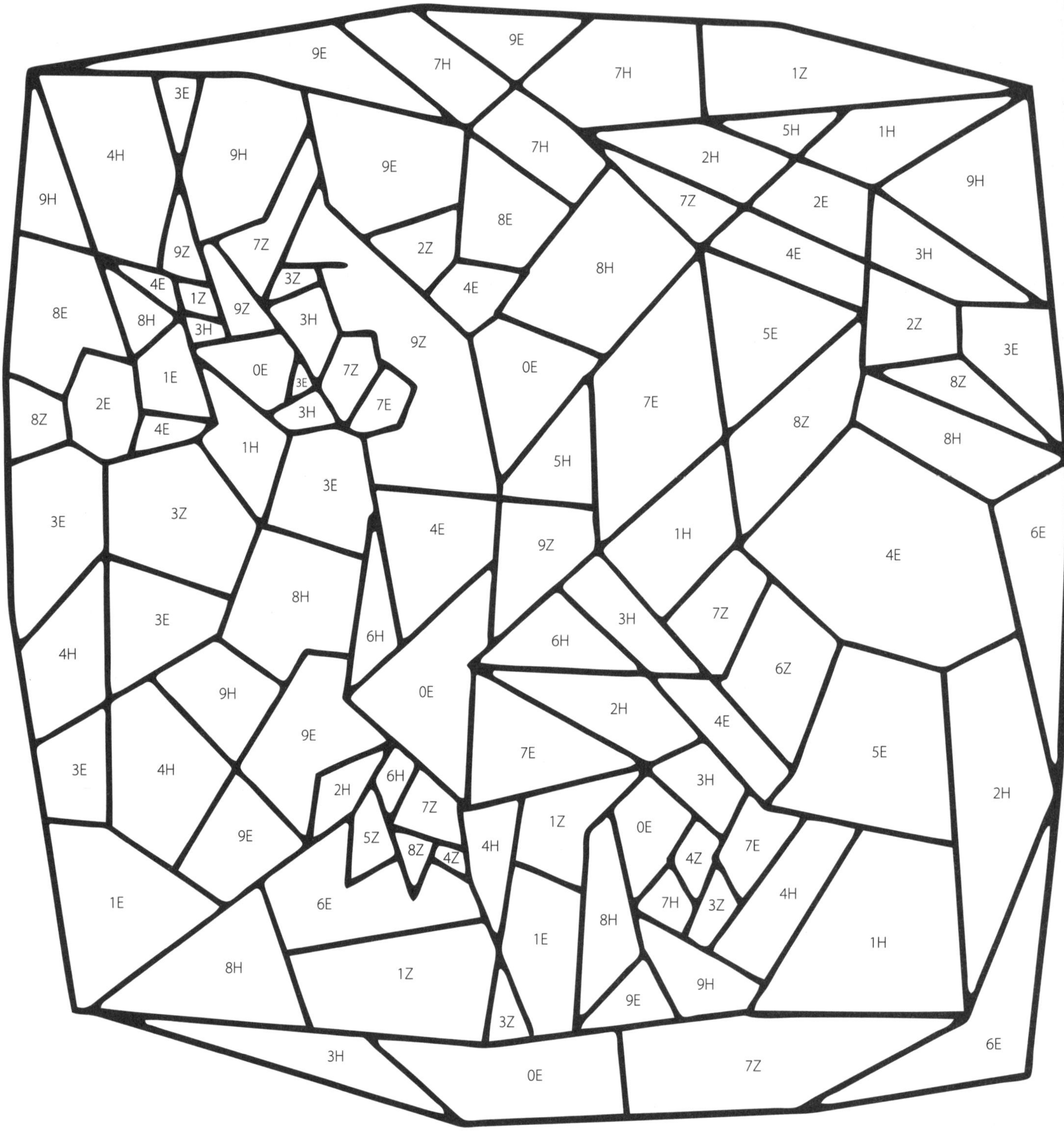

Male für jeden H, Z, und E der folgenden Zahlen ein passendes Feld aus:

170	270	397	344	590
125	292	384	377	674
194	254	327	384	677
182	260	370	545	684

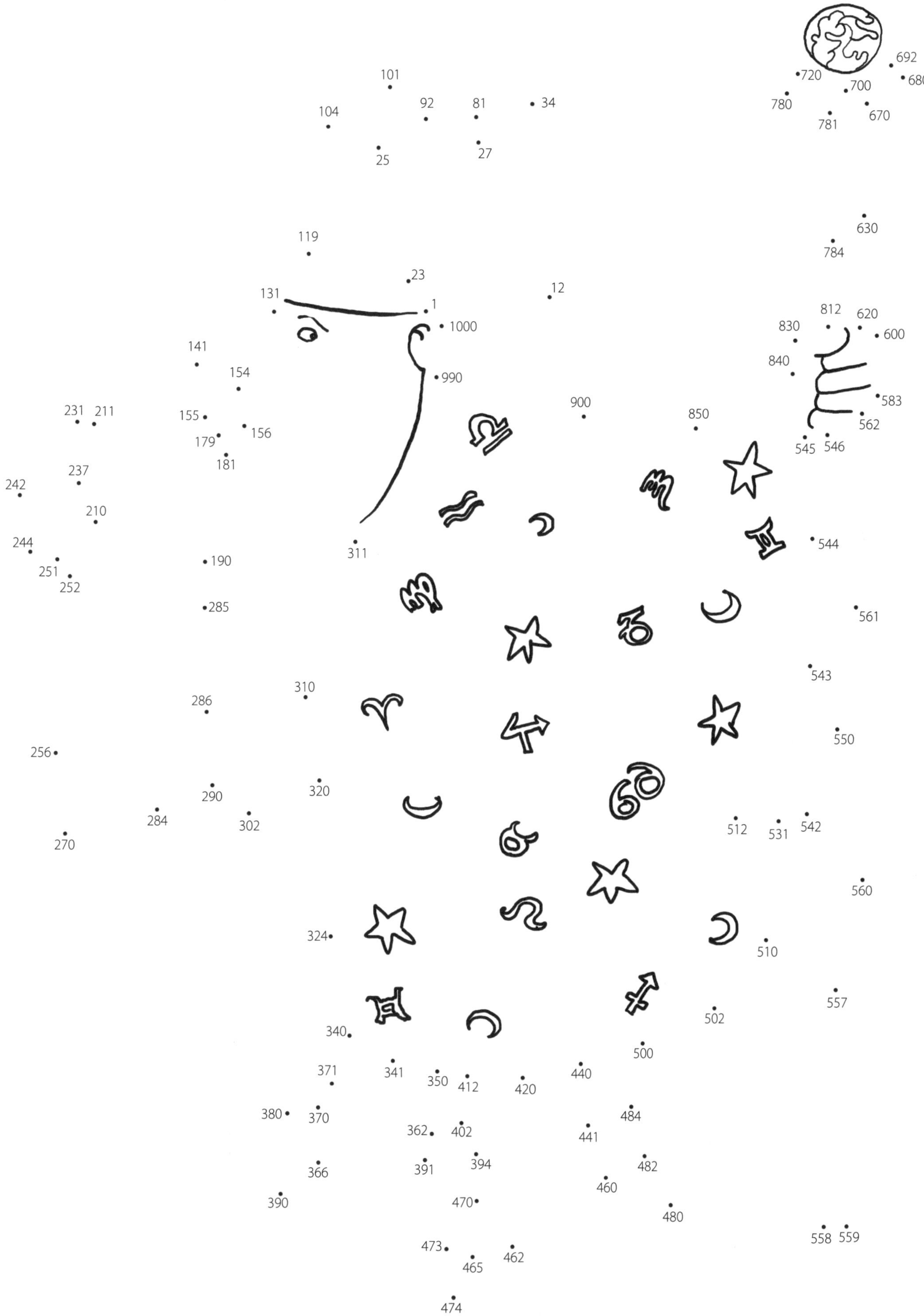
101
692
720
700
680
104
92
81
34
780
670
781
25
27
630
119
784
23
12
131
1
812
620
1000
830
600
141
840
154
990
583
900
231
211
155
850
562
156
179
545
546
181
237
242
210
244
311
544
190
251
252
285
561
543
310
286
550
256
320
290
284
302
512
531
542
270
560
324
510
557
502
340
500
371
341
350
412
420
440
380
370
484
362
402
441
366
391
394
482
460
390
470
480
558
559
473
465
462
474

239 + 324 =		**451 + 361 =**
628 + 319 =		**508 + 127 =**
444 – 163 =		**690 – 211 =**
	654 + 102 =	
	531 – 337 =	
	658 – 330 =	
506 – 382 =		**726 + 241 =**
757 – 399 =		**711 – 470 =**
638 + 158 =		**321 + 262 =**

					9			
				1				
8								
	7						**2**	
								6
				6				
			2					

822 – 330 =		542 – 226 =
413 + 174 =		456 + 468 =
830 – 199 =		381 + 494 =
	271 + 482 =	
	560 – 391 +	
	332 – 84 +	
596 – 327 =		245 + 286 =
350 + 398 =		824 – 132 =
835 – 682 =		715 – 228 =

					5			
				1				
8								
	7						4	
								3
				3				
			6					

872:8

749:7

246:6

497:7

624:6

720:8

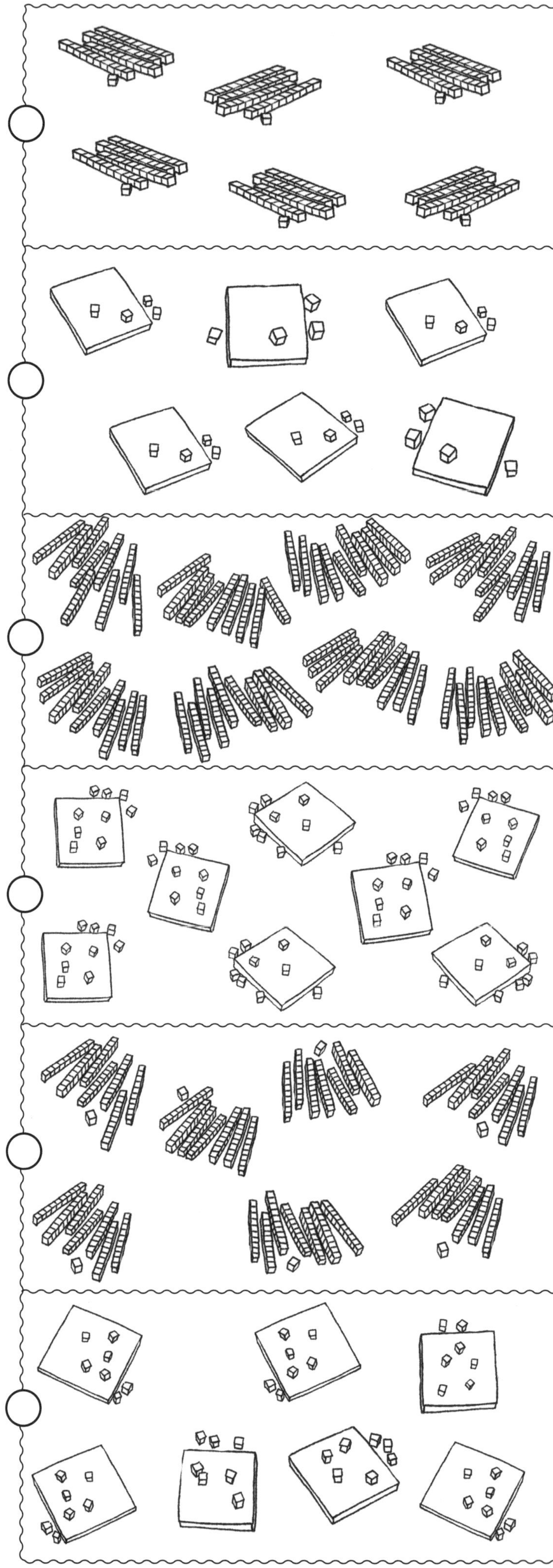

505:5

369:3

936:3

255:5

693:3

758 – 412 =		**269 + 648 =**
392 – 213 =		**754 – 172 =**
682 + 143 =		**511 + 123 =**
	628 + 218 =	
	624 – 245 =	
	569 – 444 =	
176 + 282 =		**600 – 224 =**
445 + 318 =		**489 – 360 =**
735 – 444 =		**518 + 327 =**

					8			
				6				
5								
	8					2		
							6	
				8				
			6					

Spielvorlagen

Spielvorlagen

134	257	369	425	678	932	152	861
143	275	396	452	687	923	125	816
314	572	639	254	768	329	215	618
341	527	693	245	786	392	251	681
413	725	936	524	867	239	512	168
431	752	963	542	876	293	521	186

E	E	E	E	E	E	E	E	E
1	2	3	4	5	6	7	8	9

Z	E	Z	E	Z	E	Z	E	Z	E
1	0	2	0	3	0	4	0	5	0

Z	E	Z	E	Z	E	Z	E
6	0	7	0	8	0	9	0

H	Z	E	H	Z	E	H	Z	E
1	0	0	2	0	0	3	0	0

H	Z	E	H	Z	E	H	Z	E
4	0	0	5	0	0	6	0	0

H	Z	E	H	Z	E	H	Z	E
7	0	0	8	0	0	9	0	0

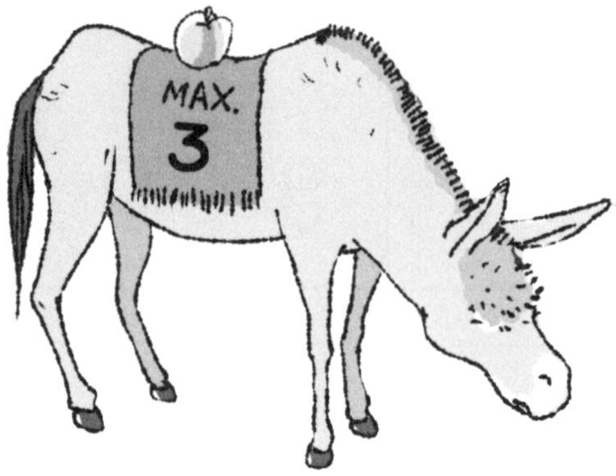
MAX.
3

MAX.
6

MAX.
6

MAX
9

MAX.
9

max
12

MAX.
12

MAX.
15

983
942
931
913
955
879
842
864
876
839
795
743
723
765
781
654

678
698
621
648
589
598
532
546
564
437
473
481
438
427
378
382

396

312

355

231

278

284

248

291

123

132

156

165

179

Teil A

133	136	154
166	168	392
194	198	201
234	265	303
289	291	294
343	349	378
379	432	441
443	446	522
523	527	568

Teil A

569	592	611
614	617	98
78	87	457
489	654	666
678	688	702
731	144	149
473	506	631
694		

Teil B

100	200	300
400	500	600
700		

Teil C

130	140	150
160	170	180
190	210	230
240	280	290
340	350	370
380	430	440

Teil C

450	520	530
560	570	590
610	620	

Teil D

150	250	350
450	550	650
615	135	165
195	235	345
375	445	525
565		

147 + 321 =	472 + 324 =	156 + 712 =	867 – 516 =	642 – 311 =
185 + 403 =	547 + 451 =	234 + 121 =	849 – 328 =	579 – 346 =
266 + 631 =	532 + 111 =	367 + 222 =	777 – 615 =	555 – 333 =
241 + 737 =	634 + 152 =	983 – 751 =	758 – 245 =	561 – 310 =
383 + 316 =	677 + 322 =	967 – 351 =	763 – 441 =	477 – 261 =
342 + 611 =	721 + 263 =	946 – 512 =	693 – 411 =	485 – 162 =
445 + 521 =	824 + 154 =	873 – 621 =	658 – 523 =	376 – 145 =

124 + 433 =	378 + 501 =	723 + 110 =	884 – 424 =
644 – 122 =	136 + 261 =	314 + 412 =	764 + 213 =
859 – 506 =	587 – 335 =	162 + 711 =	457 + 230 =
865 + 134 =	890 – 320 =	599 – 146 =	194 + 103 =
456 + 123 =	436 + 142 =	732 – 611 =	574 – 260 =
237 + 112 =	492 + 504 =	611 + 211 =	785 – 563 =
488 – 72 =	248 + 450 =	562 + 215 =	987 – 532 =
759 – 624 =	469 – 413 =	273 + 313 =	521 + 172 =

972 – 361 =	767 – 741 =	473 – 121 =	262 + 225 =
537 + 402 =	968 – 462 =	654 – 213 =	398 – 254 =
345 + 441 =	633 + 133 =	947 – 911 =	673 – 343 =
267 – 263 =	321 + 123 =	682 + 305 =	869 – 351 =
689 – 473 =	954 – 211 =	932 + 42 =	647 + 230 =
305 + 460 =	832 – 122 =	639 – 519 =	842 + 115 =
561 + 213 =	380 + 208 =	974 – 173 =	538 – 405 =
758 + 41 =	427 + 160 =	679 – 451 =	777 – 222 =

557	518	506	743
786	252	698	297
352	578	587	455
416	349	4	144

56	397	314	977
873	444	453	522
487	879	766	353
987	687	441	833

726	222	611	693
330	822	121	777
216	999	570	939
579	135	26	996

460	36	974	957
799	877	765	774
586	588	228	710
801	555	120	133

154 + 237 =	174 + 561 =	155 + 118 =	129 + 690 =
951 – 170 =	932 – 214 =	964 – 70 =	938 – 719 =
269 + 116 =	255 + 737 =	246 + 591 =	298 + 3 =
801 – 3 =	847 – 691 =	856 – 263 =	878 – 329 =
341 + 472	318 + 290 =	333 + 619 =	357 + 182 =
783 – 391 =	777 – 108 =	745 – 575 =	712 – 480 =
478 + 315 =	444 + 128 =	499 + 7	469 + 140 =
694 – 345 =	681 – 291 =	600 – 20 =	644 – 525 =

551 + 284 =	536 + 181 =	526 + 315 =	541 + 164 =
541 – 502 =	574 – 281 =	535 – 117 =	523 – 383 =
628 + 215 =	618 + 366 =	634 + 119 =	641 + 182 =
479 – 283 =	425 – 164 =	430 – 105 =	469 – 392 =
739 + 180 =	791 + 121 =	717 + 116 =	732 + 171 =
388 – 90 =	347 – 154 =	368 – 119 =	374 – 228 =
814 +177 =	824 + 108 =	888 + 71 =	851 + 92 =
279 – 80 =	257 – 149 =	262 – 36 =	202 – 170 =

391	932	894	219
385	912	593	549
813	984	170	232
793	717	580	119

835	572	418	140
843	608	325	77
919	992	249	146
991	735	156	32

273	819	39	718
837	301	196	226
952	539	298	669
506	609	199	390

841	705	781	293
753	823	798	261
833	903	392	193
959	943	349	108

GIGANTE
300
PICCOLINO
350
TRAMPA
400
OLIFA
450
KARKOW
500
LEON
550
600
MEDRIN
SPIKKA
650
POPOV
700

ANZAHL KARTEN ANGEFORDERT VOM *Kinderchor Die Waldkäuzchen* **314**	ANZAHL KARTEN ANGEFORDERT VOM *Fußballverein Die langen Zehen* **219**	ANZAHL KARTEN ANGEFORDERT VOM *Hobbyclub Die Spitzenklöppler* **27**
ANZAHL KARTEN ANGEFORDERT DURCH *Die Wassertreter* **23**	ANZAHL KARTEN ANGEFORDERT DURCH *Die fröhlichen Freunde* **234**	ANZAHL KARTEN ANGEFORDERT DURCH *Die Oldtimer* **338**
ANZAHL KARTEN ANGEFORDERT DURCH *Die Schelmenbande* **87**	ANZAHL KARTEN ANGEFORDERT VOM *Badmintonclub Das Federchen* **32**	ANZAHL KARTEN ANGEFORDERT DURCH *Die Frühaufsteher* **342**
ANZAHL KARTEN ANGEFORDERT VOM *Fahrradclub Die Zielstrebigen* **41**	ANZAHL KARTEN ANGEFORDERT VOM *Wanderverein Die Kilometerfresser* **44**	ANZAHL KARTEN ANGEFORDERT VOM *Quizclub Die Alleswisser* **346**
ANZAHL KARTEN ANGEFORDERT DURCH *Die Hobbyköche* **56**	ANZAHL KARTEN ANGEFORDERT DURCH *Die Nichtsnutze* **359**	ANZAHL KARTEN ANGEFORDERT VOM *Freundeskreis Das fünfte Rad* **62**

ANZAHL KARTEN ANGEFORDERT VOM *Lesezirkel Das Teekränzchen* **64**	**ANZAHL KARTEN ANGEFORDERT VOM** *Volleyballverein Die Smasher* **301**	**ANZAHL KARTEN ANGEFORDERT VOM** *Tennisverein Boris und Steffi* **271**
ANZAHL KARTEN ANGEFORDERT DURCH *Die Eisbären* **83**	**ANZAHL KARTEN ANGEFORDERT DURCH** *Die Dartspieler* **311**	**ANZAHL KARTEN ANGEFORDERT VOM** *Naturverein Pirol* **91**
ANZAHL KARTEN ANGEFORDERT DURCH *Die flinken Radler* **296**	**ANZAHL KARTEN ANGEFORDERT VOM** *Fußballverein Die Champions* **205**	**ANZAHL KARTEN ANGEFORDERT DURCH** *Blaskapelle Klingende Heide* **107**
ANZAHL KARTEN ANGEFORDERT VOM *Quizverein Immer ein Treffer* **114**	**ANZAHL KARTEN ANGEFORDERT VOM** *Anglerverein Der Hecht* **216**	**ANZAHL KARTEN ANGEFORDERT DURCH** *Die Briefmarkenfreunde* **122**
ANZAHL KARTEN ANGEFORDERT VOM *Gesangsverein Die höchste Note* **128**	**ANZAHL KARTEN ANGEFORDERT VOM** *Rollschuhverein Die Vierrädrigen* **234**	**ANZAHL KARTEN ANGEFORDERT DURCH** *Die Waldläufer* **136**

ANZAHL KARTEN ANGEFORDERT VOM *Hobbyclub Der krumme Nagel* **147**	ANZAHL KARTEN ANGEFORDERT VOM *Jugendclub Trax* **248**	ANZAHL KARTEN ANGEFORDERT DURCH *Das Fernglas* **152**
ANZAHL KARTEN ANGEFORDERT VOM *Schwimmverein Die Planscher* **156**	ANZAHL KARTEN ANGEFORDERT DURCH *Die Zirkusfreunde* **267**	ANZAHL KARTEN ANGEFORDERT VOM *Basketballverein Der Korb* **162**
ANZAHL KARTEN ANGEFORDERT VOM *Hockeyverein Immer vorwärts* **172**	ANZAHL KARTEN ANGEFORDERT VOM *Sportverein Niemals müde* **279**	ANZAHL KARTEN ANGEFORDERT DURCH *Königliche Musikkapelle Sankt Cäcilia* **184**
ANZAHL KARTEN ANGEFORDERT VOM *Mandolinenchor Die Tremolos* **182**	ANZAHL KARTEN ANGEFORDERT VOM *Texasclub Old Shatterhand* **293**	ANZAHL KARTEN ANGEFORDERT VOM *Musikverein Die Blaskapelle* **198**
ANZAHL KARTEN ANGEFORDERT VOM *Hallenfußballclub Die lausigen Kicker* **201**	ANZAHL KARTEN ANGEFORDERT VOM *Bergsportverein Der Karabiner* **204**	ANZAHL KARTEN ANGEFORDERT VOM *Kartenspielclub Damen und Herren* **216**

WIR MÜSSEN 18 KARTEN STREICHEN	WIR MÜSSEN 25 KARTEN STREICHEN	WIR MÜSSEN 39 KARTEN STREICHEN
WIR MÜSSEN 46 KARTEN STREICHEN	WIR MÜSSEN 57 KARTEN STREICHEN	WIR MÜSSEN 61 KARTEN STREICHEN
WIR MÜSSEN 72 KARTEN STREICHEN	WIR MÜSSEN 89 KARTEN STREICHEN	WIR MÜSSEN 94 KARTEN STREICHEN
WIR MÜSSEN 105 KARTEN STREICHEN	WIR MÜSSEN 106 KARTEN STREICHEN	WIR MÜSSEN 127 KARTEN STREICHEN
WIR MÜSSEN 133 KARTEN STREICHEN	WIR MÜSSEN 145 KARTEN STREICHEN	WIR MÜSSEN 165 KARTEN STREICHEN

WIR MÜSSEN **172 KARTEN** STREICHEN	WIR MÜSSEN **183 KARTEN** STREICHEN	WIR MÜSSEN **194 KARTEN** STREICHEN
WIR MÜSSEN **222 KARTEN** STREICHEN	WIR MÜSSEN **237 KARTEN** STREICHEN	WIR MÜSSEN **264 KARTEN** STREICHEN
WIR MÜSSEN **291 KARTEN** STREICHEN	WIR MÜSSEN **246 KARTEN** STREICHEN	WIR MÜSSEN **251 KARTEN** STREICHEN
WIR MÜSSEN **277 KARTEN** STREICHEN	WIR MÜSSEN **283 KARTEN** STREICHEN	WIR MÜSSEN **341 KARTEN** STREICHEN
WIR MÜSSEN **304 KARTEN** STREICHEN	WIR MÜSSEN **314 KARTEN** STREICHEN	WIR MÜSSEN **362 KARTEN** STREICHEN

WIR MÜSSEN **327 KARTEN** STREICHEN	WIR MÜSSEN **336 KARTEN** STREICHEN	WIR MÜSSEN **156 KARTEN** STREICHEN
WIR MÜSSEN **184 KARTEN** STREICHEN	WIR MÜSSEN **139 KARTEN** STREICHEN	WIR MÜSSEN **144 KARTEN** STREICHEN
WIR MÜSSEN **186 KARTEN** STREICHEN	WIR MÜSSEN **224 KARTEN** STREICHEN	WIR MÜSSEN **236 KARTEN** STREICHEN
WIR MÜSSEN **241 KARTEN** STREICHEN	WIR MÜSSEN **26 KARTEN** STREICHEN	WIR MÜSSEN **57 KARTEN** STREICHEN
WIR MÜSSEN **101 KARTEN** STREICHEN	WIR MÜSSEN **223 KARTEN** STREICHEN	WIR MÜSSEN **11 KARTEN** STREICHEN

KARTENVERKAUF

ERSTE ANMELDUNG:

ANMELDUNG ODER ABSAGE: =

ANMELDUNG ODER ABSAGE: =

ANMELDUNG ODER ABSAGE: =

ANMELDUNG ODER ABSAGE: =

ANMELDUNG ODER ABSAGE: =

KARTENVERKAUF

ERSTE ANMELDUNG:

ANMELDUNG ODER ABSAGE: =

ANMELDUNG ODER ABSAGE: =

ANMELDUNG ODER ABSAGE: =

ANMELDUNG ODER ABSAGE: =

ANMELDUNG ODER ABSAGE: =

ANMELDUNG ODER ABSAGE: =

230 + 90 = 320	**230 + 180 = 410**	**230 – 50 = 180**	**230 – 101 = 129**
230 + 180 = ...	230 + 90 = ...	230 + 90 = ...	230 – 50 = ...
230 – 50 = ...	230 – 50 = ...	230 + 180 = ...	230 + 90 = ...
230 – 101 = ...	230 – 101 = ...	230 – 101 = ...	230 + 180 = ...

154 + 33 = 187	**154 + 208 = 362**	**154 – 26 = 128**	**154 – 60 = 94**
154 + 208 = ...	154 + 33 = ...	154 + 208 = ...	154 + 208 = ...
154 – 26 = ...	154 – 26 = ...	154 + 33 = ...	154 – 26 = ...
154 – 60 = ...	154 – 60 = ...	154 – 60 = ...	154 + 33 = ...

327 + 80 = 407	**327 + 101 = 428**	**327 – 109 = 218**	**327 – 150 = 177**
327 + 101 = ...	327 + 80 = ...	327 + 101 = ...	327 – 109 = ...
327 – 109 = ...	327 – 109 = ...	327 + 80 = ...	327 + 80 = ...
327 – 150 = ...	327 – 150 = ...	327 – 150 = ...	327 + 101 = ...

423 + 18 = 441	**423 + 280 = 703**	**423 – 30 = 393**	**423 – 330 = 93**
423 + 280 = ...	423 + 18 = ...	423 + 280 = ...	423 – 30 = ...
423 – 30 = ...	423 – 30 = ...	423 + 18 = ...	423 + 280 = ...
423 – 330 = ...	423 – 330 = ...	423 – 330 = ..	423 + 18 = ...

592 + 9 = 601	**592 + 108 = 700**	**592 – 360 = 232**	**592 – 92 = 500**
592 + 108 = ...	592 + 9 = ...	592 + 9 = ...	592 – 360 = ...
592 – 360 = ...	592 – 360 = ...	592 – 92 = ...	592 + 108 = ...
592 – 92 = ...	592 – 92 = ...	592 + 108 = ...	592 + 9 = ...

631 + 209 = 840	**631 + 82 = 713**	**631 – 50 = 581**	**631 – 331 = 300**
631 + 82 = ...	631 + 209 = ...	631 + 82 = ...	631 + 82= ...
631 – 50 = ...	631 – 50 = ...	631 – 331 = ...	631 – 50 = ...
631 – 331 = ...	631 – 331 = ...	631 + 209 = ...	631 + 209 = ...

777 + 210 = 987	**777 + 40 = 817**	**777 – 70 = 707**	**777 – 123 = 654**
777 + 40 = ...	777 + 210 = ...	777 + 40 = ...	777 + 40 = ...
777 – 70 = ...	777 – 70 = ...	777 – 123 = ...	777 – 70 = ...
777 – 123 = ...	777 – 123 = ...	777 + 210 = ...	777 + 210 = ...

835 – 40 = 795	**835 – 102 = 733**	**835 + 8 = 843**	**835 + 111 = 946**
835 – 102 = ...	835 – 40 = ...	835 – 102 = ...	835 – 102 = ...
835 + 8 = ...	835 + 8 = ...	835 + 111 = ...	835 + 8 = ...
835 + 111 = ...	835 + 111 = ...	835 – 40 = ...	835 – 40 = ...

911 + 89 = 1000	**911 + 72 = 983**	**911 – 203 = 708**	**911 – 20 = 891**
911 + 72 = ...	911 + 89 = ...	911 + 72 = ...	911 + 72 = ...
911 – 203 = ...	911 – 203 = ...	911 – 20 = ...	911 – 203 = ...
911 – 20 = ...	911 – 20 = ...	911 + 89 = ...	911 + 89 = ...

1 • 98	2 • 73	3 • 205	4 • 34	5 • 72
6 • 130	7 • 21	8 • 25	9 • 11	1 • 239
2 • 470	3 • 309	4 • 111	5 • 45	6 • 31
7 • 30	3 • 222	3 • 140	2 • 409	5 • 18

2 • 374 = 748	**2 • 429 = 858**	**2 • 266 = 532**	**2 • 183 = 366**
2 • 429 = ...	2 • 374 = ...	2 • 183 = ...	2 • 266 = ...
2 • 266 = ...	2 • 183 = ...	2 • 374 = ...	2 • 429 = ...
2 • 183 = ...	2 • 266 = ...	2 • 429 = ...	2 • 374 = ...

3 • 264 = 792	**3 • 89 = 267**	**3 • 126 = 378**	**3 • 99 = 297**
3 • 89 = ...	3 • 264 = ...	3 • 99 = ...	3 • 126 = ...
3 • 126 = ...	3 • 99 = ...	3 • 264 = ...	3 • 89 = ...
3 • 99 = ...	3 • 126 = ...	3 • 89 = ...	3 • 264 = ...

4 • 217 = 868	**4 • 136 = 544**	**4 • 97 = 388**	**4 • 76 = 304**
4 • 136 = ...	4 • 217 = ...	4 • 76 = ...	4 • 97 = ...
4 • 97 = ...	4 • 76 = ...	4 • 217 = ...	4 • 136 = ...
4 • 76 = ...	4 • 97 = ...	4 • 136 = ...	4 • 217 = ...

5 • 132 = 660	**5 • 76 = 380**	**5 • 68 = 340**	**5 • 49 = 245**
5 • 76 = ...	5 • 132 = ...	5 • 49 = ...	5 • 68 = ...
5 • 68 = ...	5 • 49 = ...	5 • 132 = ...	5 • 76 = ...
5 • 49 = ...	5 • 68 = ...	5 • 76 = ...	5 • 132 = ...

6 • 126 = 756	**6 • 93 = 558**	**6 • 83 = 498**	**6 • 49 = 294**
6 • 93 = ...	6 • 126 = ...	6 • 49 = ...	6 • 83 = ...
6 • 83 = ...	6 • 49 = ...	6 • 126 = ...	6 • 93 = ...
6 • 49 = ...	6 • 83 = ...	6 • 93 = ...	6 • 126 = ...

7 • 141 = 987	**7 • 116 = 812**	**7 • 57= 399**	**7 • 38 = 266**
7 • 116 = ...	7 • 141 = ...	7 • 38 = ...	7 • 57 = ...
7 • 57 = ...	7 • 38 = ...	7 • 141 = ...	7 • 116 = ...
7 • 38 = ...	7 • 57 = ...	7 • 116 = ...	7 • 141 = ...

8 • 106 =
848

8 • 92 = ...

8 • 63 = ...

8 • 48 = ...

8 • 92 =
736

8 • 106 = ...

8 • 48 = ...

8 • 63 = ...

8 • 63 =
504

8 • 48 = ...

8 • 106 = ...

8 • 92 = ...

8 • 48 =
384

8 • 63 = ...

8 • 92 = ...

8 • 106 = ...

9 • 111 =
999

9 • 73 = ...

9 • 54 = ...

9 • 35 = ...

9 • 73 =
657

9 • 111 = ...

9 • 35 = ...

9 • 54 = ...

9 • 54 =
486

9 • 35 = ...

9 • 111 = ...

9 • 73 = ...

9 • 35 =
315

9 • 54 = ...

9 • 73 = ...

9 • 111 = ...

144	4 • 78 = ...
312	6 • 49 = ...
294	3 • 142 = ...
426	7 • 36 = ...
252	5 • 84 = ...
420	7 • 40 = ...
280	4 • 142 = ...
568	9 • 52 = ...
468	8 • 43 = ...
344	6 • 21 = ...
126	5 • 52 = ...
260	3 • 48 = ...
144	2 • 140 = ...
280	7 • 42 = ...
294	2 • 213 = ...
426	9 • 28 = ...
252	7 • 60 = ...
420	6 • 78 = ...

468	2 • 172 = ...	294	8 • 39 = ...
344	3 • 104 = ...	312	6 • 70 = ...
312	8 • 71 = ...	420	3 • 84 = ...
568	9 • 14 = ...	252	2 • 130 = ...
126	4 • 65 = ...	260	4 • 117 = ...
260	8 • 18 = ...	468	6 • 71 = ...
144	5 • 56 = ...	426	3 • 42 = ...
280	4 • 86 = ...	126	2 • 284 = ...
344	3 • 98 = ...	568	9 • 16 = ...

Achterbahn

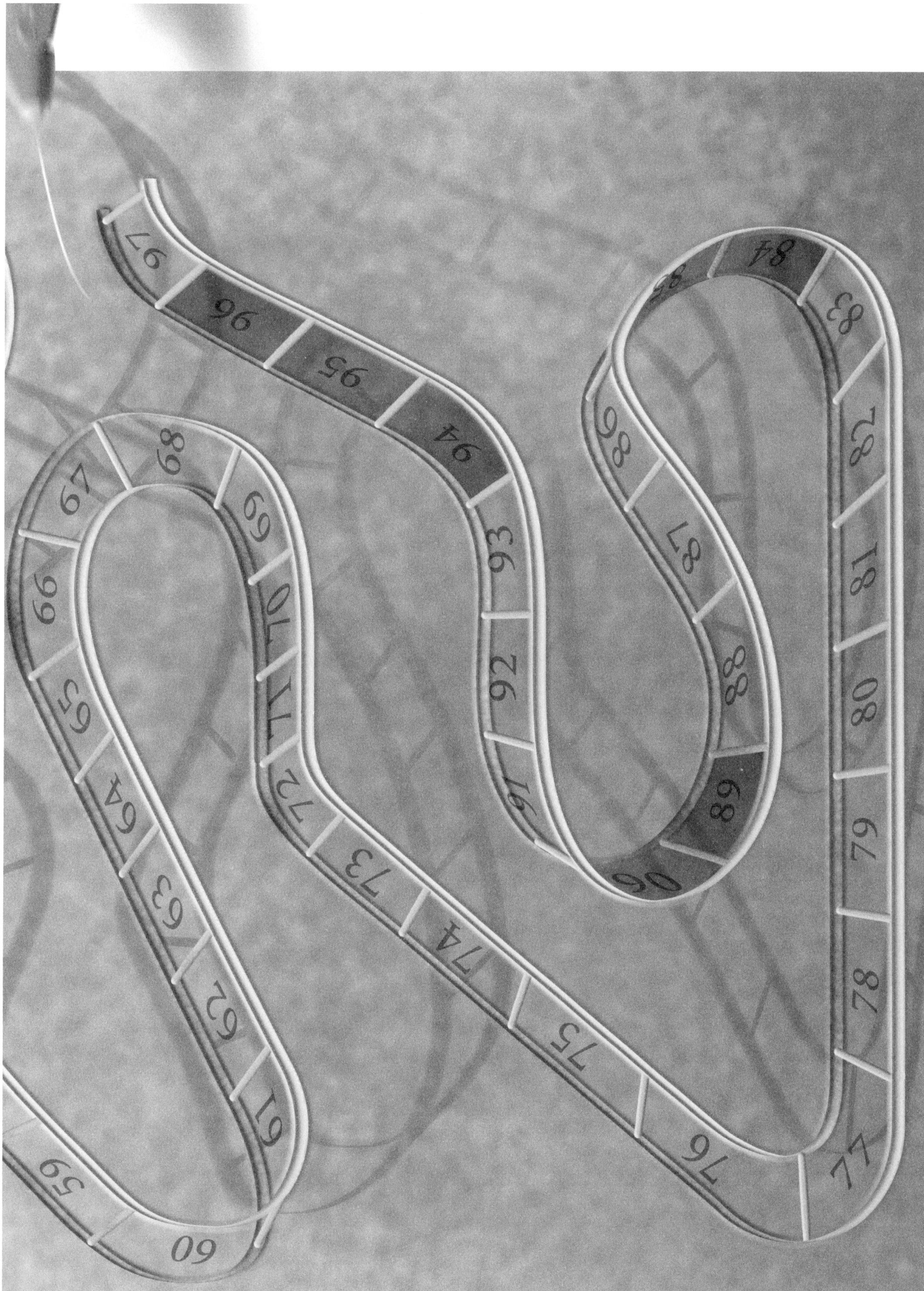
59
60
61
62
63
64
65
66
67
68
69
70
71
72
73
74
75
76
77
78
79
80
81
82
83
84
86
87
88
89
90
91
92
93
94
95
96
97

2 : 2 =	3 : 3 =	4 : 4 =	5 : 5 =	6 : 6 =	7 : 7 =	8 : 8 =	9 : 9 =	10 : 10 =
4 : 2 =	6 : 3 =	8 : 4 =	10 : 5 =	12 : 6 =	14 : 7 =	16 : 8 =	18 : 9 =	20 : 10 =
6 : 2 =	9 : 3 =	12 : 4 =	15 : 5 =	18 : 6 =	21 : 7 =	24 : 8 =	27 : 9 =	30 : 10 =
8 : 2 =	12 : 3 =	16 : 4 =	20 : 5 =	24 : 6 =	28 : 7 =	32 : 8 =	36 : 9 =	40 : 10 =
10 : 2 =	15 : 3 =	20 : 4 =	25 : 5 =	30 : 6 =	35 : 7 =	40 : 8 =	45 : 9 =	50 : 10 =
12 : 2 =	18 : 3 =	24 : 4 =	30 : 5 =	36 : 6 =	42 : 7 =	48 : 8 =	54 : 9 =	60 : 10 =
14 : 2 =	21 : 3 =	28 : 4 =	35 : 5 =	42 : 6 =	49 : 7 =	56 : 8 =	63 : 9 =	70 : 10 =
16 : 2 =	24 : 3 =	32 : 4 =	40 : 5 =	48 : 6 =	56 : 7 =	64 : 8 =	72 : 9 =	80 : 10 =
18 : 2 =	27 : 3 =	36 : 4 =	45 : 5 =	54 : 6 =	63 : 7 =	72 : 8 =	81 : 9 =	90 : 10 =
20 : 2 =	30 : 3 =	40 : 4 =	50 : 5 =	60 : 6 =	70 : 7 =	80 : 8 =	90 : 9 =	100 : 10 =

450 : 5 = 90	355 : 5 = 71	205 : 5 = 41	545 : 5 = 109
355 : 5 = ...	450 : 5 = ...	545 : 5 = ...	205 : 5 = ...
545 : 5 = ...	545 : 5 = ...	355 : 5 = ...	450 : 5 = ...
205 : 5 = ...	205 : 5 = ...	450 : 5 = ...	355 : 5 = ...

480 : 2 = 240	212 : 2 = 106	180 : 2 = 90	128 : 2 = 64
212 : 2 = ...	480 : 2 = ...	212 : 2 = ...	212 : 2 = ...
180 : 2 = ...	180 : 2 = ...	480 : 2 = ...	180 : 2 = ...
128 : 2 = ...	128 : 2 = ...	128 : 2 = ...	480 : 2 = ...

321 : 3 = 107	270 : 3 = 90	159 : 3 = 53	330 : 3 = 110
270 : 3 = ...	321 : 3 = ...	330 : 3 = ...	159 : 3 = ...
330 : 3 = ...	159 : 3 = ...	270 : 3 = ...	321 : 3 = ...
159 : 3 = ...	330 : 3 = ...	321 : 3 = ...	270 : 3 = ...

240 : 4 = 60	**416 : 4 = 104**	**164 : 4 = 41**	**328 : 4 = 82**
416 : 4 = ...	240 : 4 = ...	328 : 4 = ...	164 : 4 = ...
328 : 4 = ...	164 : 4 = ...	416 : 4 = ...	240 : 4 = ...
164 : 4 = ...	328 : 4 = ...	240 : 4 = ...	416 : 4 = ...

636 : 6 = 106	**180 : 6 = 30**	**546 : 6 = 91**	**624 : 6 = 104**
180 : 6 = ...	636 : 6 = ...	180 : 6 = ...	546 : 6 = ...
624 : 6 = ...	546 : 6 = ...	624 : 6 = ...	636 : 6 = ...
546 : 6 = ...	624 : 6 = ...	636 : 6 = ...	180 : 6 = ...

721 : 7 = 103	**770 : 7 = 110**	**350 : 7 = 50**	**427 : 7 = 61**
770 : 7 = ...	721 : 7 = ...	427 : 7 = ...	770 : 7 = ...
427 : 7 = ...	350 : 7 = ...	770 : 7 = ...	721 : 7 = ...
350 : 7 = ...	427 : 7 = ...	721 : 7 = ...	350 : 7 = ...

408 : 8 = 51	**560 : 8 = 70**	**648 : 8 = 81**	**872 : 8 = 109**
560 : 8 = ...	408 : 8 = ...	872 : 8 = ...	648 : 8 = ...
872 : 8 = ...	648 : 8 = ...	560 : 8 = ...	408 : 8 = ...
648 : 8 = ...	872 : 8 = ...	408 : 8 = ...	560 : 8 = ...

918 : 9 = 102	**180 : 9 = 20**	**279 : 9 = 31**	**936 : 9 = 104**
180 : 9 = ...	918 : 9 = ...	936 : 9 = ...	279 : 9 = ...
936 : 9 = ...	279 : 9 = ...	180 : 9 = ...	918 : 9 = ...
279 : 9 = ...	936 : 9 = ...	918 : 9 = ...	180 : 9 = ...

420 : 10 = 42	**360 : 10 = 36**	**810 : 10 = 81**	**300 : 10 = 30**
360 : 10 = ...	420 : 10 = ...	300 : 10 = ...	810 : 10 = ...
300 : 10 = ...	810 : 10 = ...	360 : 10 = ...	420 : 10 = ...
810 : 10 = ...	300 : 10 = ...	420 : 10 = ...	360 : 10 = ...

325 + 413 =

325

\+ 413

\+

738

268 + 421 =

268

\+ 421

\+

689

671 + 216 =

671

\+ 216

\+

887

333 + 164 =

	333	
	+ 164	+
		497

245 + 142 =

	245	
	+ 142	+
		387

846 − 132 =

	846	
	− 132	−
		714

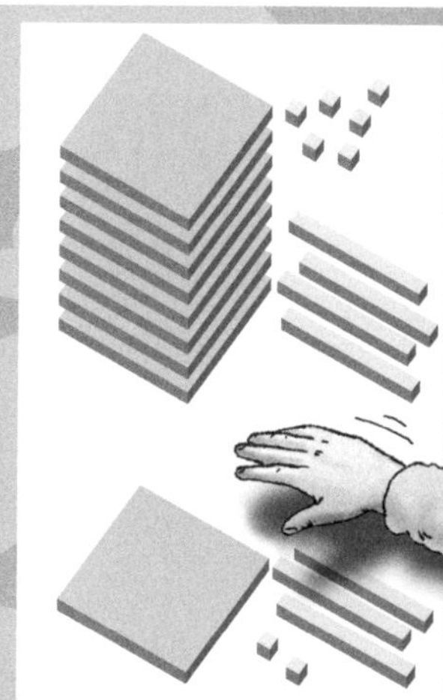

794 − 621 =

794

− 621

−

173

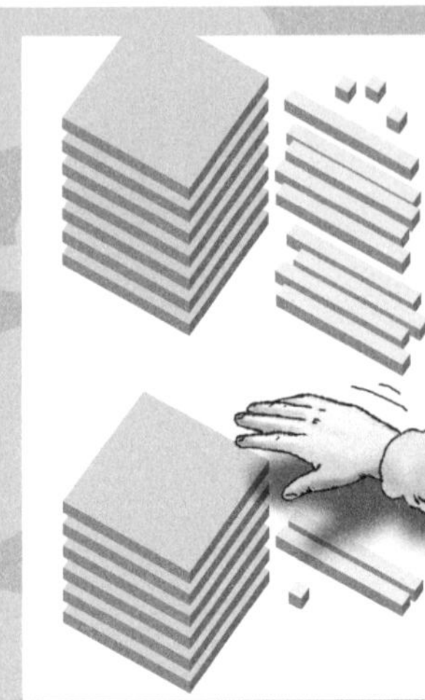

587 − 254 =

587

− 254

−

333

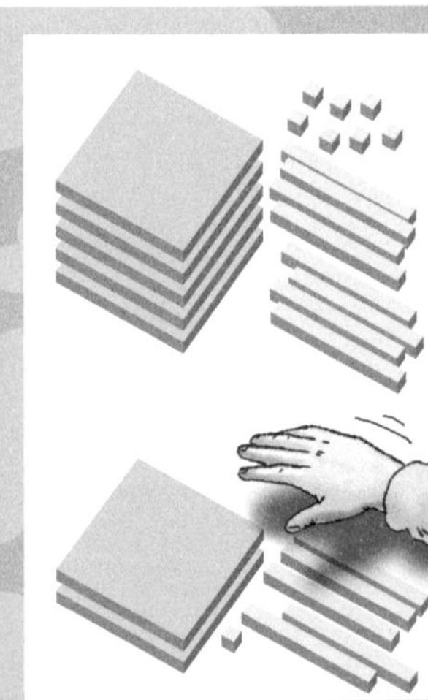

428 − 204 =

428

− 204

−

224

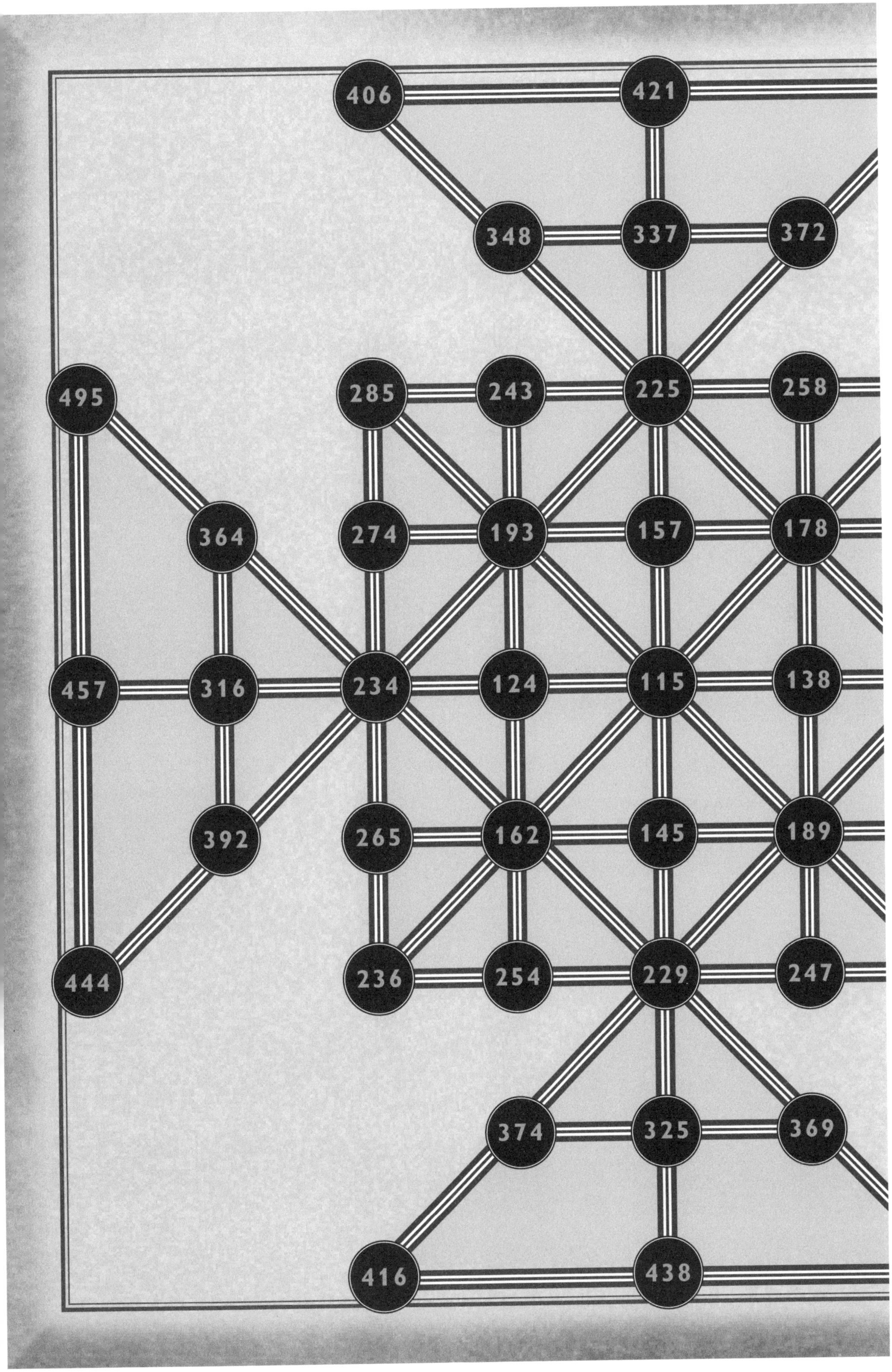
406
421
348
337
372
495
285
243
225
258
364
274
193
157
178
457
316
234
124
115
138
392
265
162
145
189
444
236
254
229
247
374
325
369
416
438

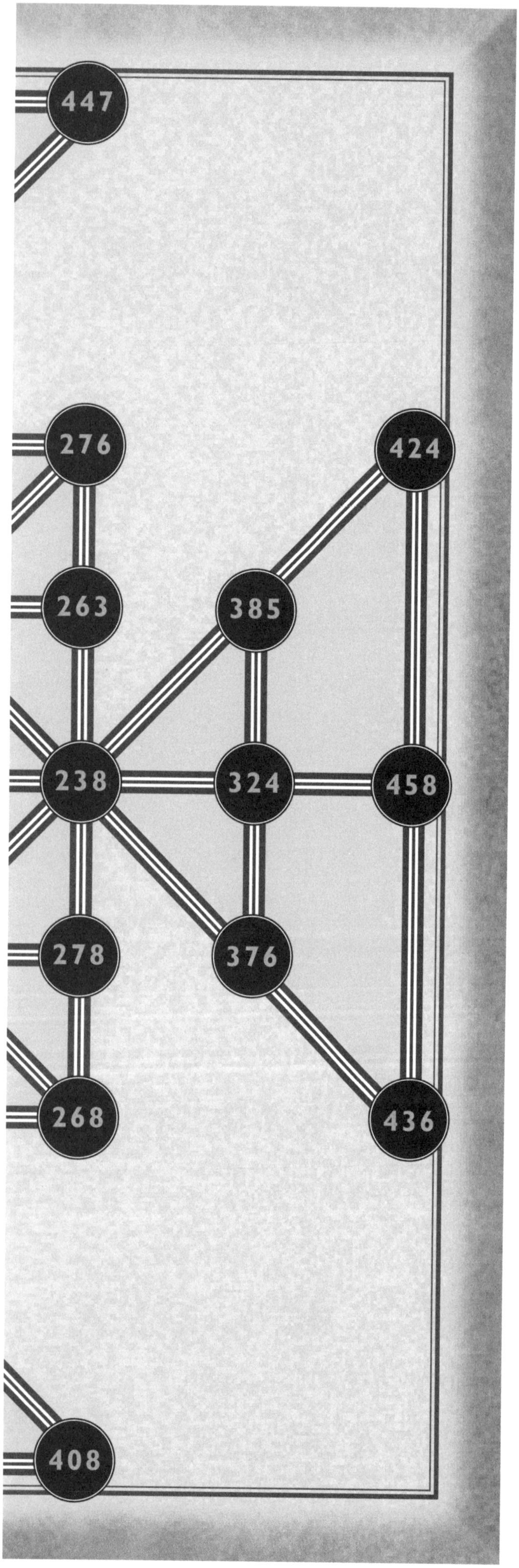
447
276
424
263
385
238
324
458
278
376
268
436
408

PUNKTE
1
2

572	600 – 572 = ...	28	900 – 448 = ...
452	400 – 281 = ...	119	300 – 132 = ...
168	600 – 398 = ...	202	400 – 34 = ...
366	700 – 544 = ...	156	800 – 164 = ...
636	400 – 292 = ...	108	800 – 349 = ...
451	500 – 254 = ...	246	900 – 222 = ...
678	400 – 38 = ...	362	600 – 28 = ...
366	300 – 132 = ...	168	700 – 128 = ...
572	600 – 149 = ...	451	700 – 672 = ...
28	1000 – 364 = ...	636	700 – 22 = ...
678	1000 – 754 = ...	246	700 – 338 = ...
362	600 – 148 = ...	452	1000 – 844 = ...

156	800 – 681 = ...	119	600 – 234 = ...
28	500 – 134 = ...	366	700 – 249 = ...
451	600 – 492 = ...	108	800 – 438 = ...
362	900 – 328 = ...	572	800 – 122 = ...
678	300 – 144 = ...	156	200 – 32 = ...
168	900 – 264 = ...	636	400 – 198 = ...
202	600 – 354 = ...	246	700 – 248 = ...
452	500 – 381 = ...	119	300 – 272 = ...

1000
750
500
500
750
500
6 · 7 · 8 ·
9 · 4 · 3 · 6 · 8 · 7
9 5 4 3 6 8
2 5
· 7 · 6 · 5

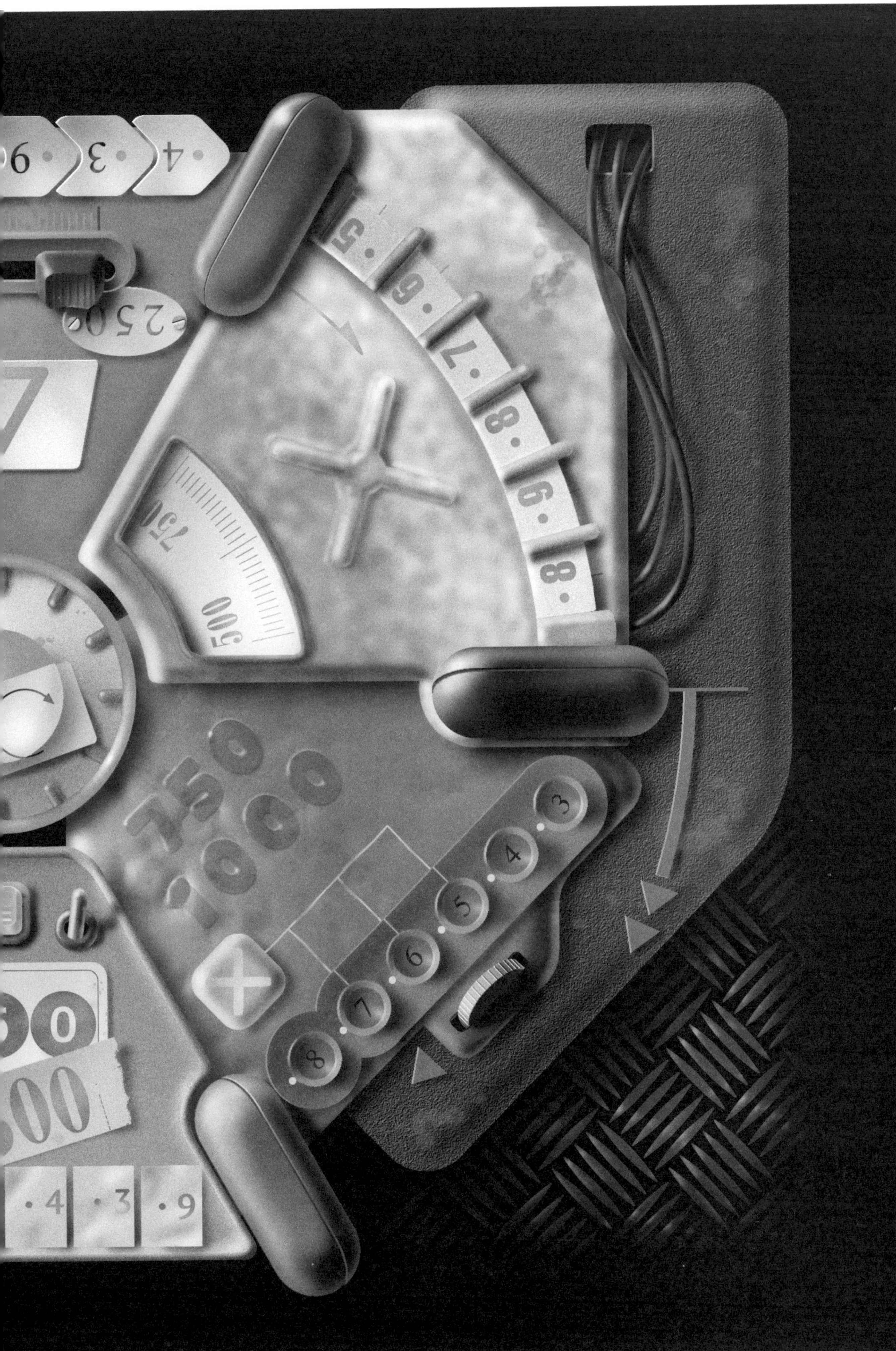
750
500
1000
·4
·3
·6

77 € 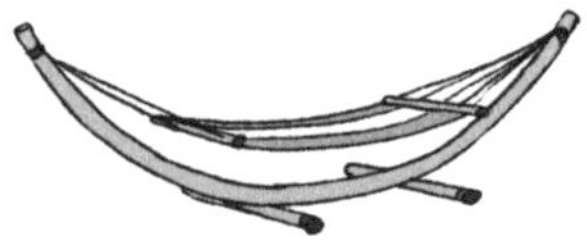	**162 €** 	**149 €** 	**48 €** 
37 € 	**178 €** 	**34 €** 	**45 €** 
235 € 	**318 €** 	**24 €** 	**19 €** 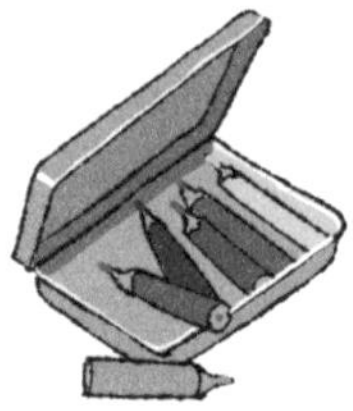
39 € 	**62 €** 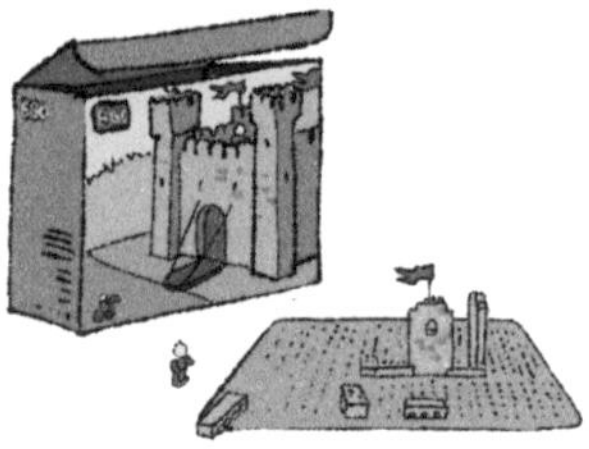	**29 €** 	**16 €** 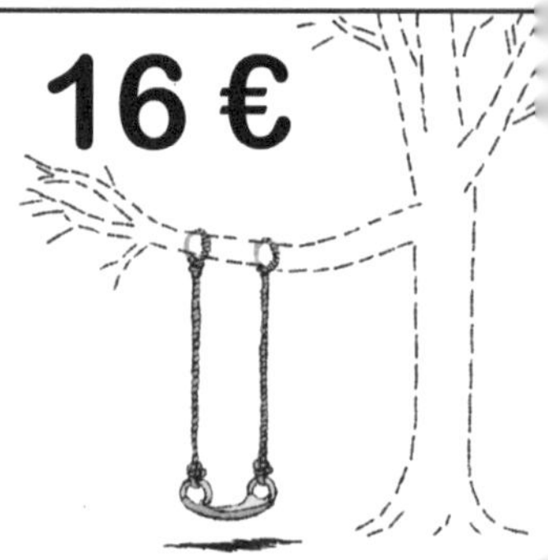
124 € 	**55 €** 	**263 €** 	**87 €** 
171 € 	**242 €** 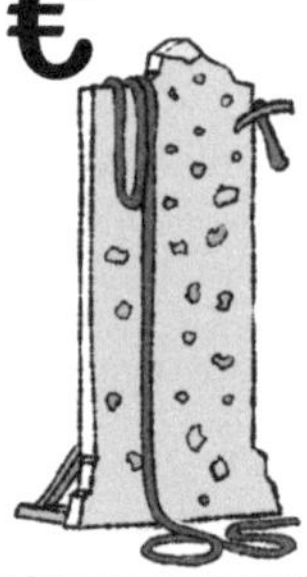	**138 €** 	**33 €** 

1. Ihr seid zu Hause 4 Kinder und euer Hund ist scharf auf Schatzkisten. Er gräbt eine aus, die mit 648 Euro gefüllt ist. Teile das Geld ehrlich mit deinen Geschwistern und kaufe danach mit deinem Anteil etwas aus dem Laden.	2. Ihr wascht zu acht 4 Wochenenden lang Autos. Insgesamt habt ihr 616 Euro verdient. Teile das Geld ehrlich unter euch auf und kaufe danach mit deinem Anteil etwas aus dem Laden.
3. Du verkaufst zusammen mit deinem Bruder alte Spielsachen auf dem Flohmarkt. Ihr verdient 298 €. Teile das Geld ehrlich mit deinem Bruder und kaufe danach mit deinem Anteil etwas aus dem Laden.	4. Ihr habt zu viert deinem Onkel beim Erdbeerpflücken geholfen. Zusammen habt ihr 192 Euro bekommen. Teile das Geld ehrlich unter euch auf und kaufe danach mit deinem Anteil etwas aus dem Laden.
5. Am Dreikönigstag gehst du zusammen mit 7 anderen (ihr seid also insgesamt 8) zum Singen auf einen Markt. Ihr sammelt 296 Euro. Teile das Geld ehrlich unter euch auf und kaufe danach mit deinem Anteil etwas aus dem Laden.	6. Zu Weinachten schenkt deine Tante dir und deinen beiden Cousinen insgesamt 534 €. Verteile dieses Geld ehrlich und kaufe dann mit deinem Anteil etwas aus dem Laden.
7. Ihr habt Elstern darauf abgerichtet, heruntergefallene und verloren gegangene Cents aufzupicken und euch zu bringen. Nach einem Jahr habt ihr 306 € gesammelt. Insgesamt haben sich 9 Kinder daran beteiligt. Verteile das Geld ehrlich und kaufe danach mit deinem Anteil etwas aus dem Laden.	8. 7 Freunde, zu denen du auch gehörst, haben Kekse gebacken und auf dem Kindermarkt verkauft. Abends zählt ihr das Geld, es sind 315 €. Verteile das Geld ehrlich und kaufe danach mit deinem Anteil etwas aus dem Laden.

9. Du und deine beiden Schwestern bekommen von einer alten Tante einen Lottoschein. Bei der Ziehung stellt sich heraus, dass ihr gewonnen habt. Teile die 705 €, die ihr gewonnen habt, unter euch drei auf und kaufe danach mit deinem Anteil etwas aus dem Laden.	10. Am Strand findest du zusammen mit deinen beiden Brüdern eine alte Schatzkiste. Darin befindet sich echtes Gold und du erhältst dafür 954 €. Teile das Geld ehrlich unter euch drei auf und kaufe danach mit deinem Anteil etwas aus dem Laden.
11. Es ist ein sehr strenger Winter und es liegt schon wochenlang Schnee. Du und 7 Freunde (ihr seid also zu acht) räumt Schnee von den Bürgersteigen bei älteren Leuten. Sie geben euch dafür hin und wieder ein bisschen Trinkgeld. Im Frühjahr zählt ihr zusammen das Geld, es sind 192 €. Teile es ehrlich unter euch 8 auf und kaufe danach mit deinem Anteil etwas aus dem Laden.	12. In eurem Viertel seid ihr 9 gute Freunde. Ihr beschließt, an langen Sommerabenden in Gärten Unkraut zu jäten und Rasen zu mähen. Ihr bekommt dafür sogar etwas Trinkgeld. Am Ende der Ferien habt ihr 171 €. Verteile das Geld auf euch 9 und kaufe danach mit deinem Anteil etwas aus dem Laden.
13. Das Stallausmisten ist keine tolle Arbeit, aber in einer Gruppe von 7 Kindern ist das schon viel weniger schlimm. 8 Samstage lang reinigt ihr die Ställe der Reitschule. Der Chef zahlt euch dafür insgesamt 273 €. Verteile das Geld ehrlich und kaufe danach mit deinem Anteil etwas aus dem Laden.	14. Ihr bildet mit 8 Kindern einen kleinen Kinderchor und singt in der Weihnachtszeit in fünf verschiedenen Kirchen. Dafür bekommt ihr insgesamt 496 €. Verteile das Geld ehrlich und kaufe danach mit deinem Anteil etwas aus dem Laden.
15. Ein Onkel möchte im Garten einen Swimmingpool haben. Ihr helft ihm beim Graben, ihr seid zu siebt. Dein Onkel gibt euch nach getaner Arbeit 203 Euro. Verteile das Geld ehrlich und kaufe danach mit deinem Anteil etwas aus dem Laden.	16. Ihr singt zu neunt in der Nachbarschaft Weihnachtslieder. Am Ende des Tages habt ihr zusammen 144 Euro bekommen. Verteile das Geld ehrlich und kaufe danach mit deinem Anteil etwas aus dem Laden.

17. Du und deine Freundinnen versorgt eure Katzen hervorragend. Ihr habt zu fünft an einem Katzen-Wettbewerb teilgenommen und zusammen Preise für insgesamt 620 Euro gewonnen. Weil ihr immer alles zusammen gemacht habt, beschließt ihr, den Topf mit den Preisen ehrlich zu verteilen. Rechne das einmal aus und kaufe danach mit deinem Anteil etwas aus dem Laden.	18. Du hilfst zusammen mit deinen fünf Brüdern im Sommer deinem Onkel bei der Feldarbeit. Er gibt euch dafür 330 Euro. Teile das Geld ehrlich unter euch auf und kaufe danach mit deinem Anteil etwas aus dem Laden.
19. Du trainierst und pflegst zusammen mit deiner Schwester ein Pferd. Beim letzten Springwettkampf gehörte es zu den Siegern. Ihr bekamt 526 Euro. Teile das Geld ehrlich mit deiner Schwester und kaufe danach mit deinem Anteil etwas aus dem Laden.	20. Sechs Freunde, zu denen du auch gehörst, sammeln alte Sachen bei den Nachbarn und verkaufen sie auf dem Flohmarkt. Ihr verdient damit 522 Euro. Teile das Geld unter euch sechs auf und kaufe danach mit deinem Anteil etwas aus dem Laden.
21. Du singst zusammen mit drei anderen Kindern wunderschöne Lieder. Eines Tages sollt ihr auf einer großen Feier singen. Ihr bekommt am Ende 684 Euro. Verteile das Geld ehrlich und kaufe danach mit deinem Anteil etwas aus dem Laden.	22. Ein Großonkel stirbt und du erbst zusammen mit deinen drei Schwestern 968 Euro. Teile das Geld ehrlich unter euch auf und kaufe danach mit deinem Anteil etwas aus dem Laden.
23. Ihr habt 690 Euro für das Apfelpflücken in einem Obstgarten bekommen, ihr seid zu fünft. Teile das Geld genau in 5 Teile und kaufe danach mit deinem Anteil etwas aus dem Laden.	24. Ihr habt für 198 Euro alte Sachen auf einem Kinderflohmarkt verkauft. Verteile das Geld ehrlich, ihr seid zu sechst, und kaufe danach mit deinem Anteil etwas aus dem Laden.

348 + 99	723 – 99	477 + 199	772 – 199	369 + 90	483 – 90	722 + 190	989 – 190
544 + 99	534 – 99	473 + 199	385 – 199	853 + 90	379 – 90	311 + 190	287 – 190
427 + 99	685 – 99	411 + 199	885 – 199	532 + 90	488 – 90	481 + 190	361 – 190
794 + 99	932 – 99	253 + 199	823 – 199	655 + 90	376 – 90	762 + 190	866 – 190
156 + 99	156 – 99	32 + 199	337 – 199	832 + 90	943 – 90	433 + 190	437 – 190
134 + 99	653 – 99	567 + 199	447 – 199	673 + 90	437 – 90	344 + 190	466 – 190

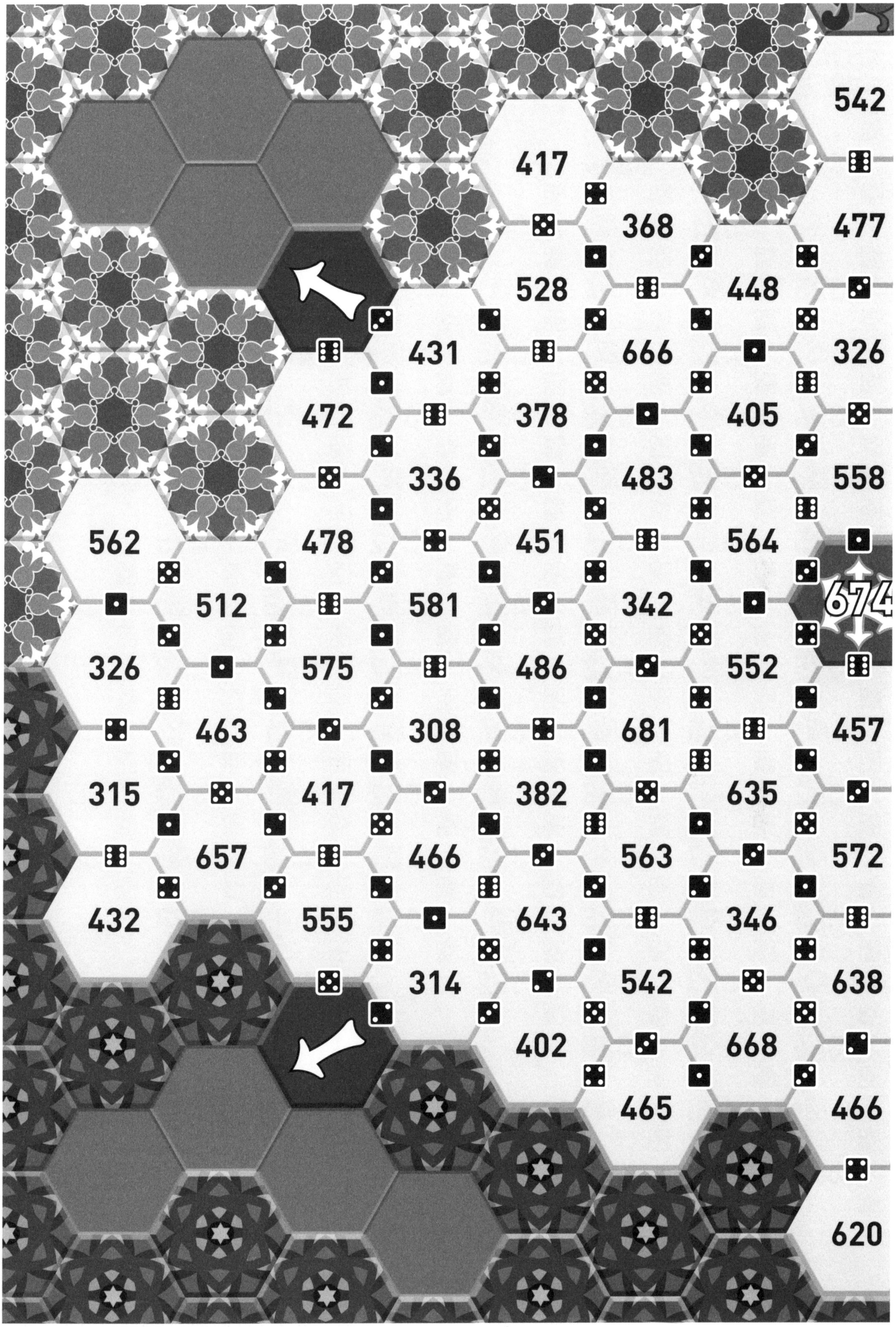
542
417
368
477
528
448
431
666
326
472
378
405
336
483
558
562
478
451
564
512
581
342
674
326
575
486
552
463
308
681
457
315
417
382
635
657
466
563
572
432
555
643
346
314
542
638
402
668
465
466
620

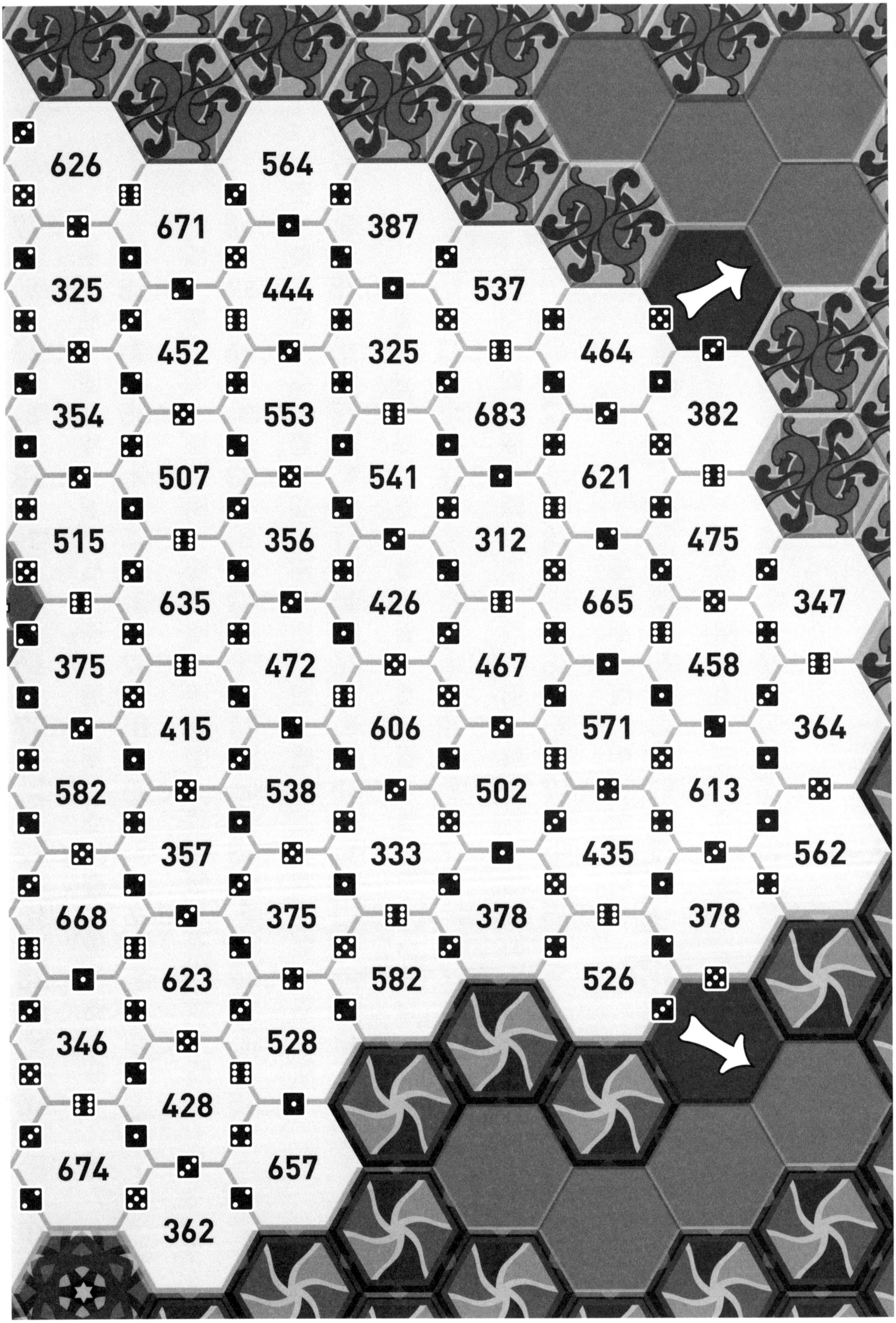
626
564
671
387
325
444
537
452
325
464
354
553
683
382
507
541
621
515
356
312
475
635
426
665
347
375
472
467
458
415
606
571
364
582
538
502
613
357
333
435
562
668
375
378
378
623
582
526
346
528
428
674
657
362

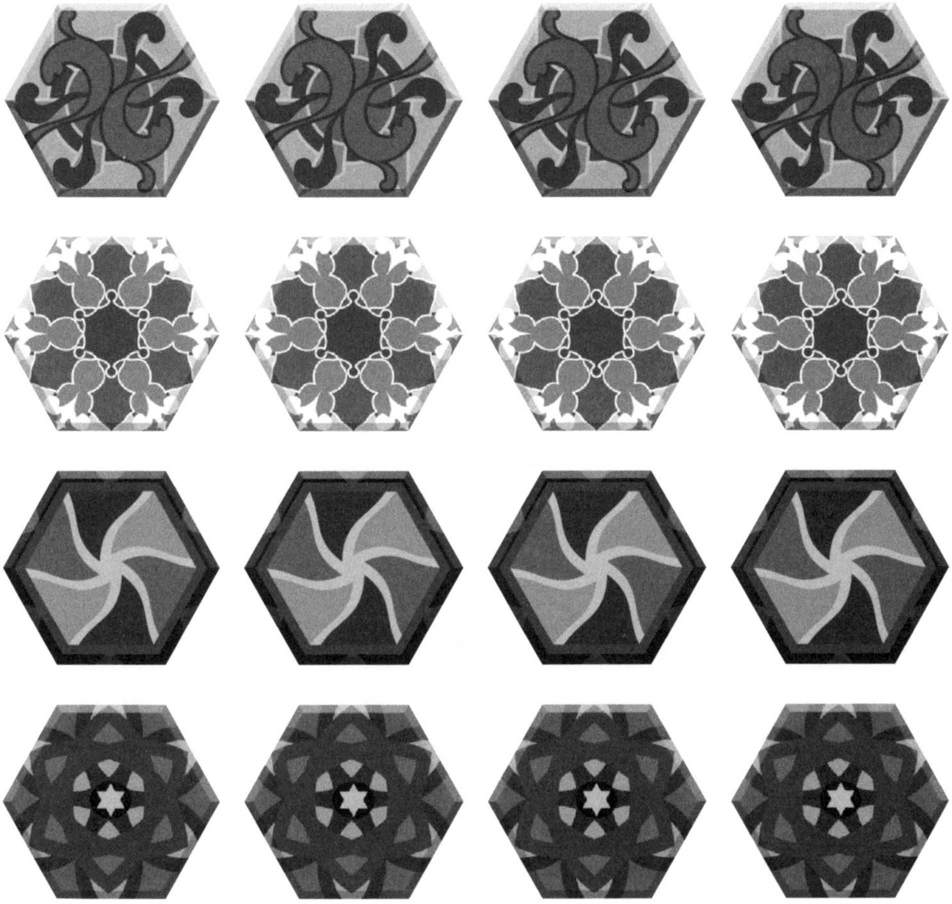

⚀	-97
⚁	-99
⚂	+99
⚃	+98
⚄	-97
⚅	-98

⚀	-90
⚁	-99
⚂	+99
⚃	+90
⚄	+99
⚅	-90

⚀	-99
⚁	-199
⚂	+199
⚃	+299
⚄	+99
⚅	-299

⚀	-99
⚁	-190
⚂	+190
⚃	+199
⚄	+90
⚅	-190

476 + 112 + 364 =	191 + 679 + 32 =
324 + 379 + 156 =	336 + 227 + 192 =
189 + 231 + 342 =	222 + 333 + 444 =
421 + 56 + 153 =	332 + 224 + 351 =
243 + 115 + 374 =	249 + 138 + 327 =
358 + 186 + 491 =	257 + 176 + 283 =
253 + 393 + 177 =	387 + 289 + 344 =
366 + 123 + 435 =	221 + 432 + 185 =
235 + 356 + 134 =	523 + 78 + 99 =

660	$16 \cdot 20 =$	630	$20 \cdot 32 =$
320	$20 \cdot 27 =$	640	$40 \cdot 18 =$
540	$40 \cdot 14 =$	720	$60 \cdot 11 =$
560	$60 \cdot 13 =$	640	$80 \cdot 7 =$
780	$30 \cdot 14 =$	560	$90 \cdot 5 =$
420	$40 \cdot 12 =$	450	$20 \cdot 33 =$
480	$20 \cdot 42 =$	660	$60 \cdot 12 =$
840	$50 \cdot 9 =$	720	$90 \cdot 7 =$
450	$70 \cdot 9 =$	630	$60 \cdot 14 =$

840	20 • 39 =	720	40 • 16 =
780	30 • 16 =	640	60 • 9 =
480	70 • 6 =	540	20 • 28 =
420	40 • 8 =	560	40 • 21 =
320	30 • 18 =	840	30 • 26 =
540	80 • 8 =	780	30 • 21 =
420	80 • 4 =	630	20 • 24 =
320	30 • 22 =	480	30 • 15 =
660	20 • 36 =	450	20 • 21 =

280	15 • 16 =	420	9 • 40 =
240	12 • 40 =	360	50 • 9 =
480	20 • 27 =	450	16 • 20 =
540	30 • 15 =	320	15 • 54 =
450	80 • 4 =	810	40 • 7 =
320	15 • 48 =	280	40 • 18 =
720	30 • 12 =	720	60 • 4 =
360	11 • 60 =	240	9 • 40 =
660	12 • 35 =	360	15 • 44 =

420	$18 \cdot 45 =$	660	$16 \cdot 30 =$
810	$15 \cdot 42 =$	480	$30 \cdot 18 =$
630	$14 \cdot 20 =$	540	$30 \cdot 14 =$
540	$15 \cdot 32 =$	660	$40 \cdot 8 =$
480	$20 \cdot 14 =$	320	$30 \cdot 24 =$
280	$21 \cdot 30 =$	720	$60 \cdot 7 =$
630	$80 \cdot 3 =$	420	$30 \cdot 27 =$
240	$18 \cdot 25 =$	810	$20 \cdot 18 =$
450	$12 \cdot 55 =$	360	$15 \cdot 36 =$

224
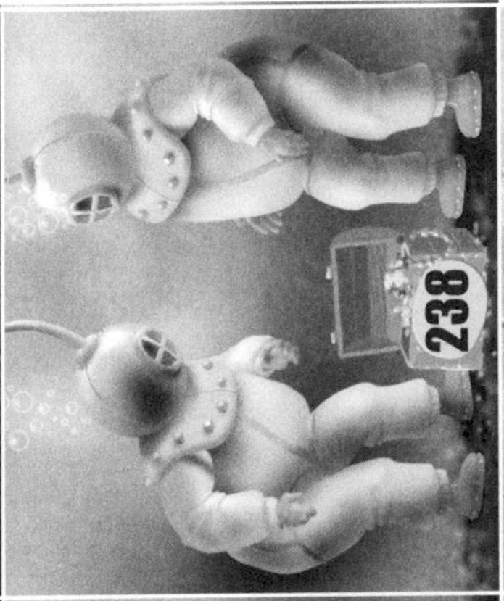
238
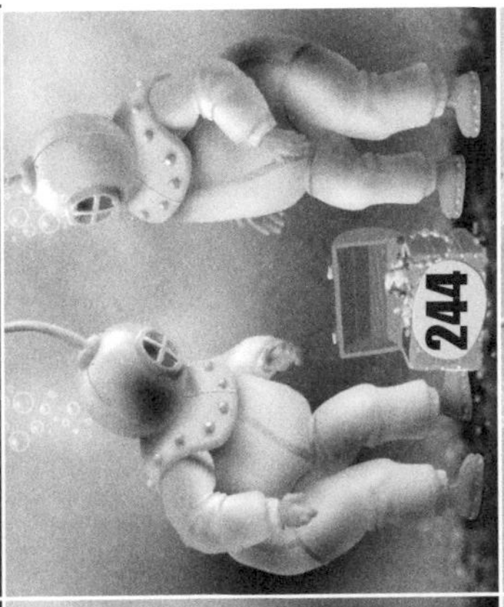
244
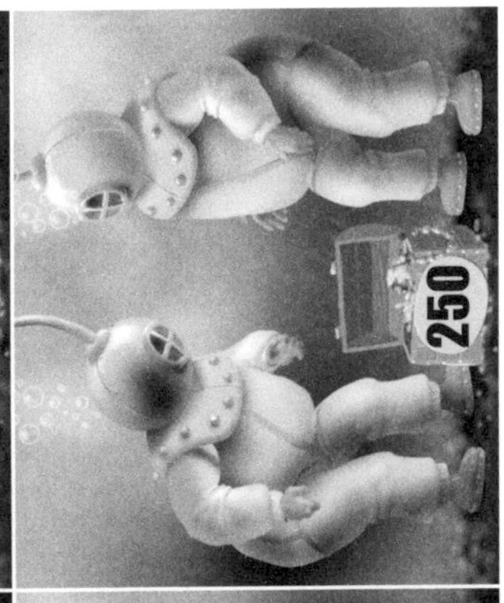
250
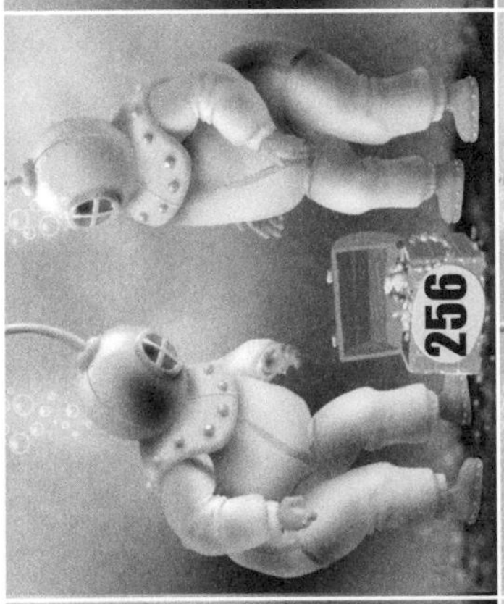
256
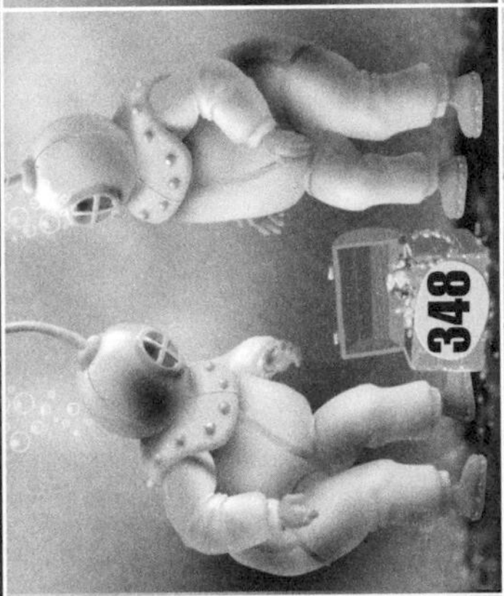
348
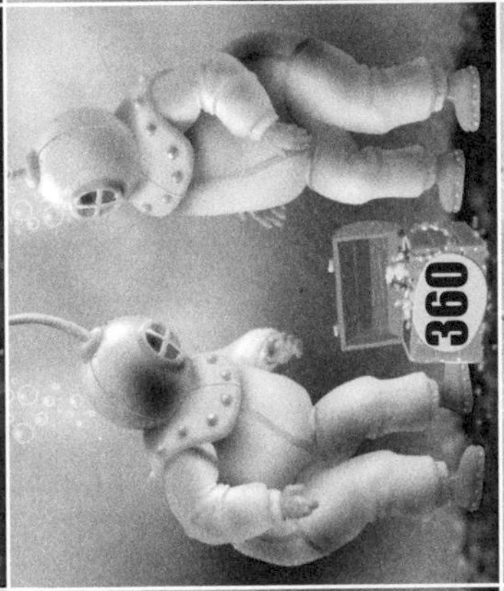
360
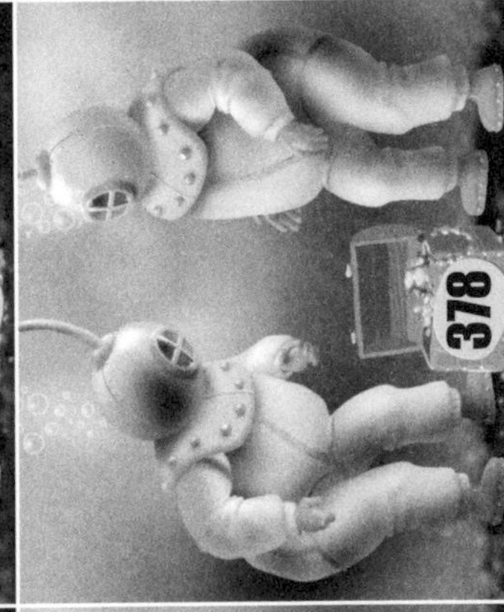
378
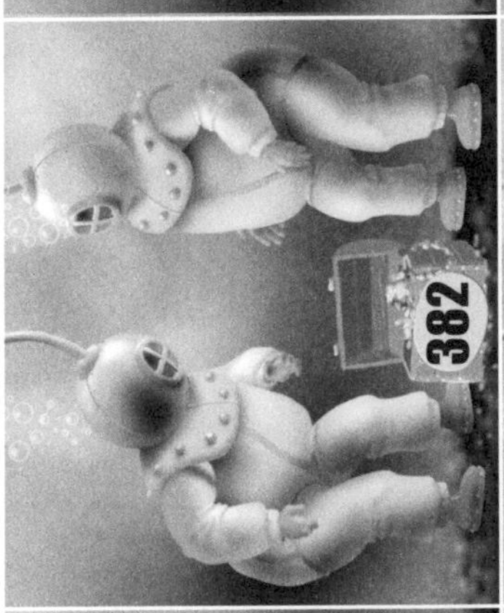
382
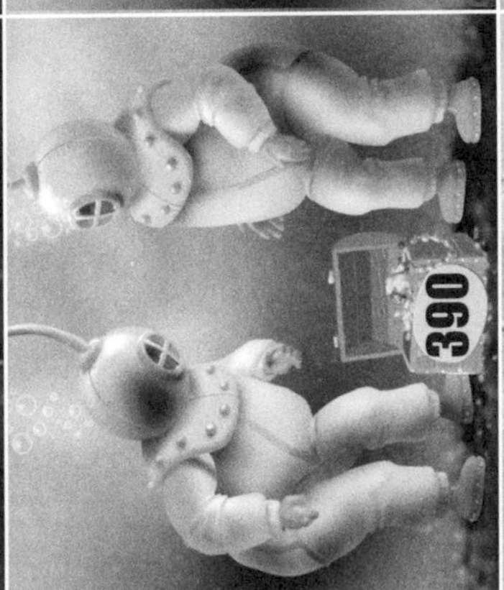
390
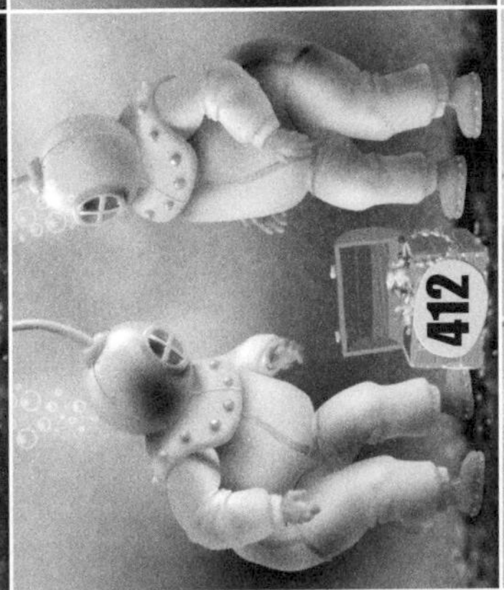
412
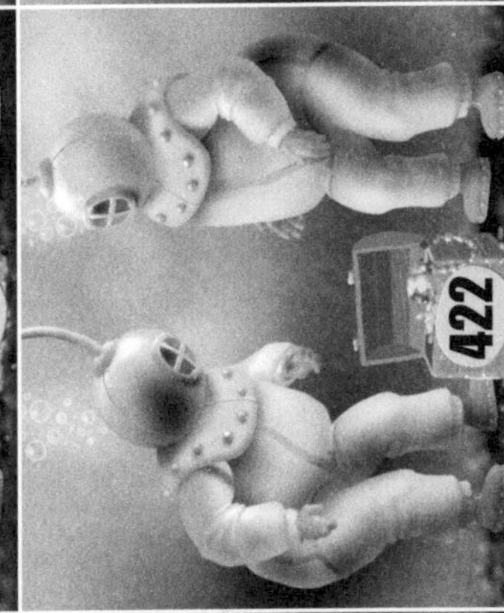
422
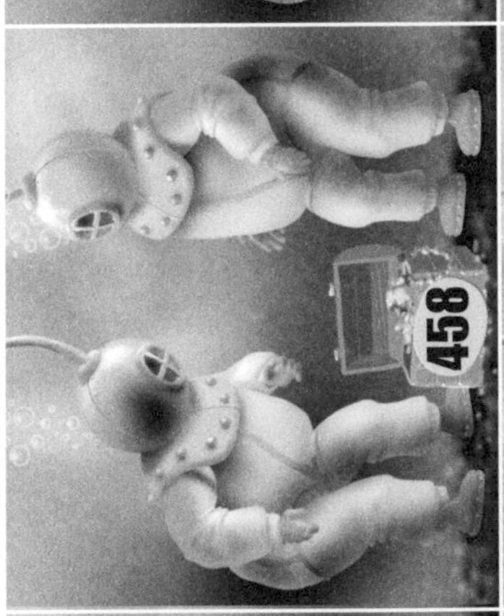
458
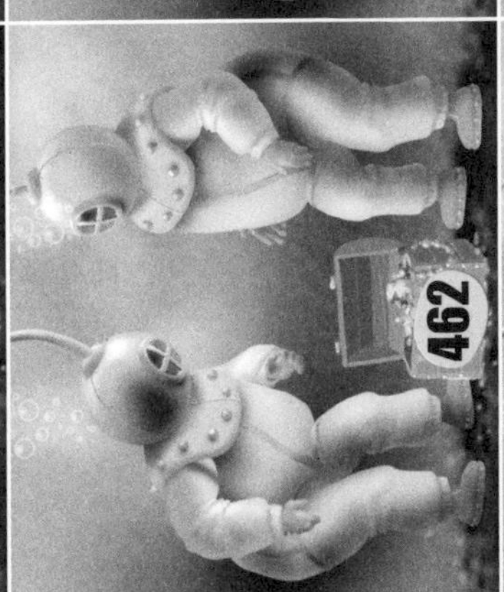
462
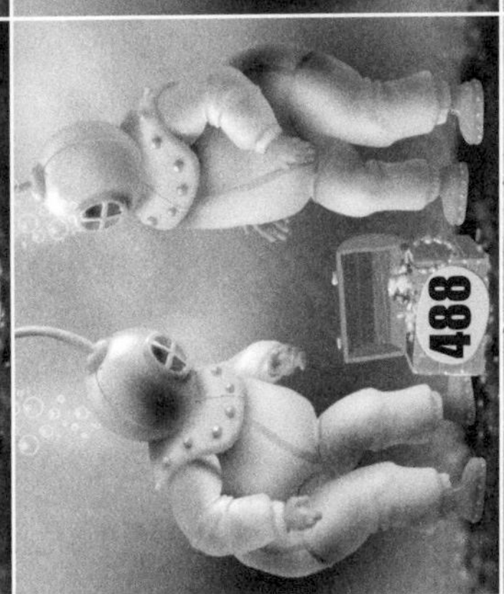
488
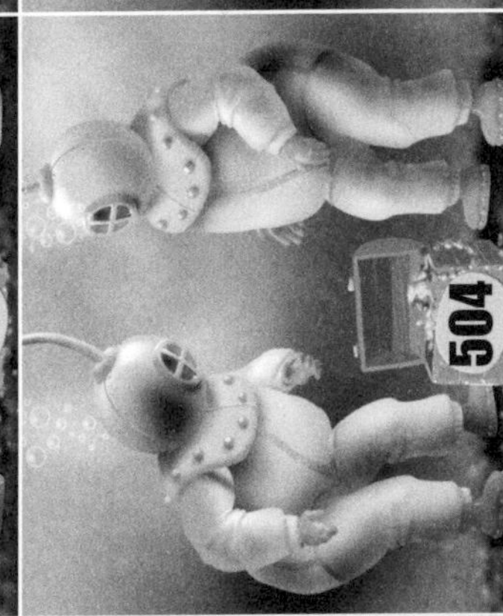
504
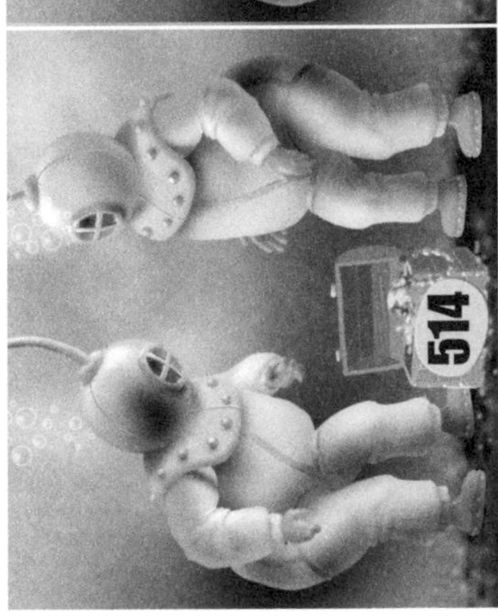
514
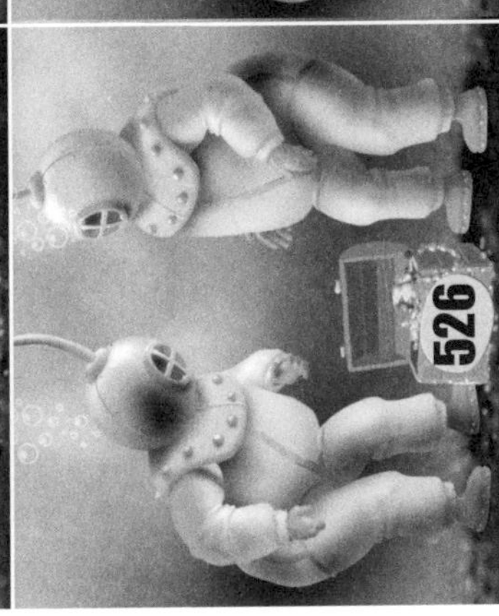
526
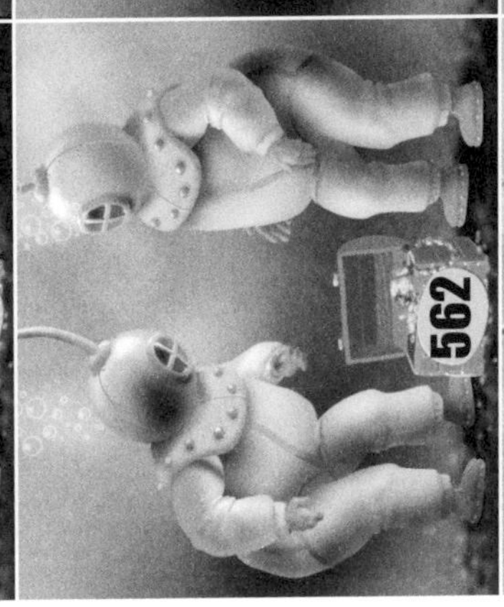
562
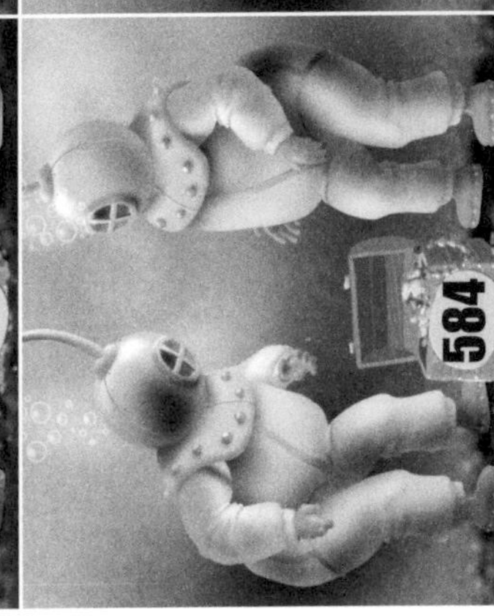
584

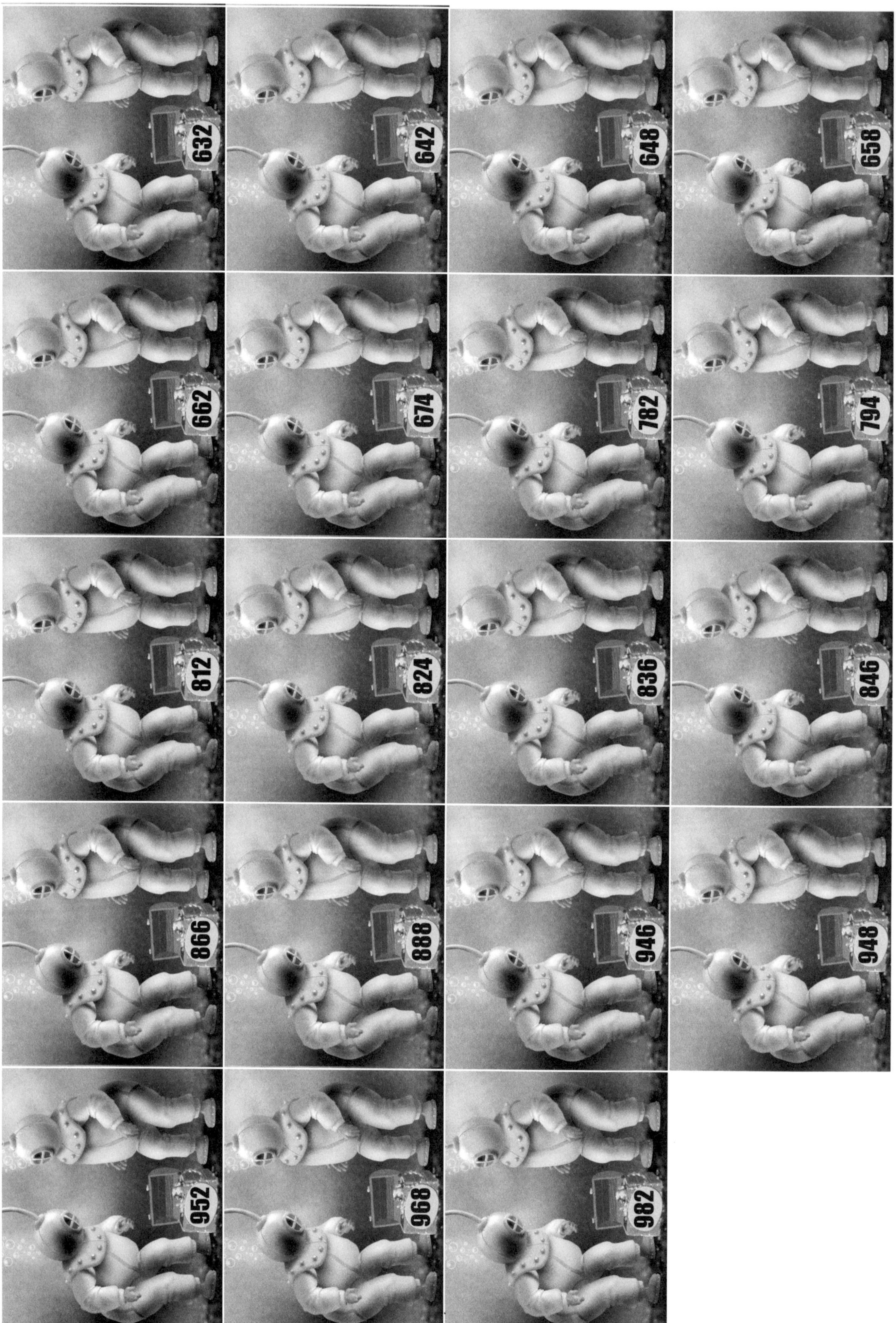
632
642
648
658
662
674
782
794
812
824
836
846
866
888
946
948
952
968
982

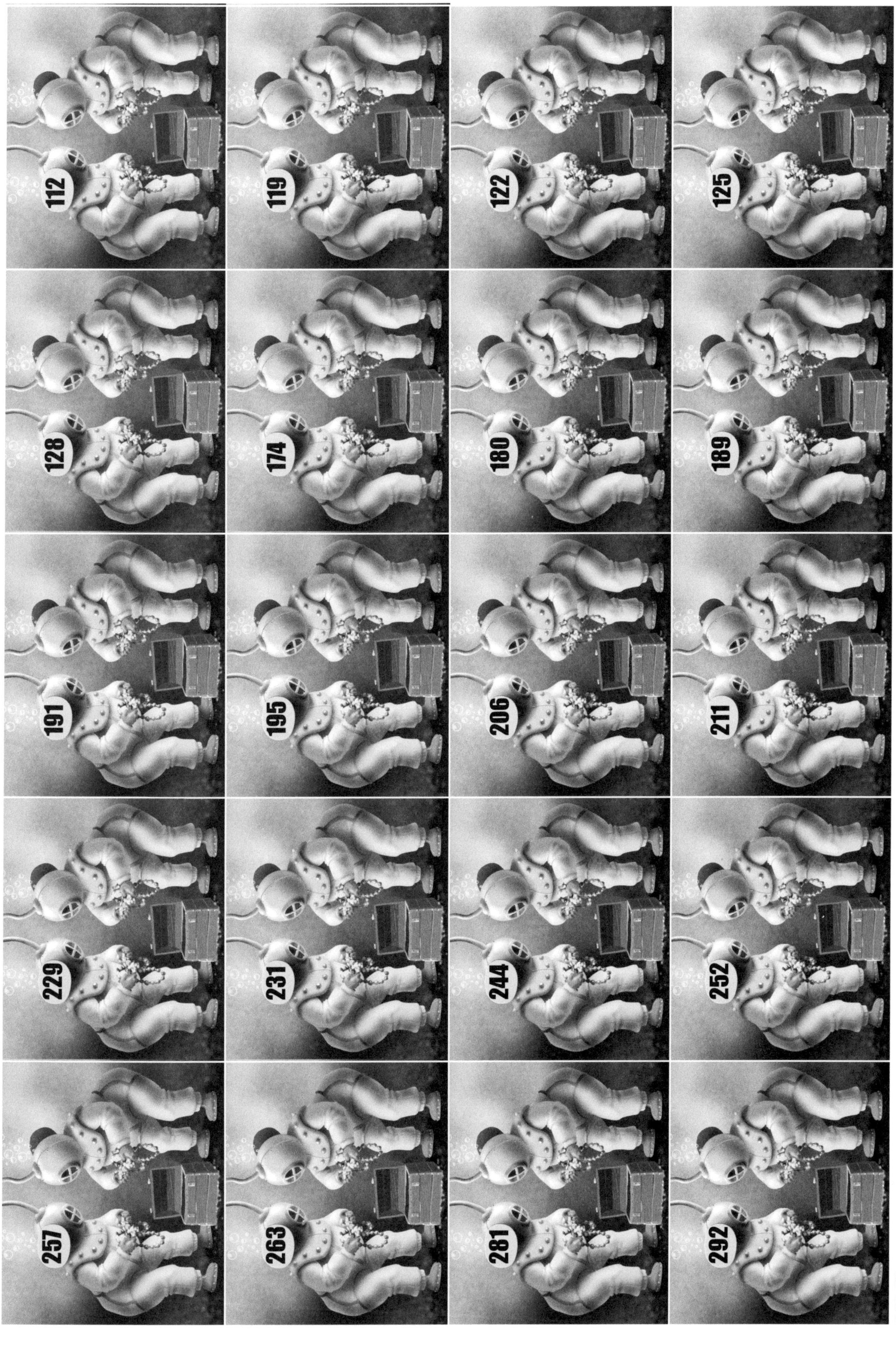
112
119
122
125
128
174
180
189
191
195
206
211
229
231
244
252
257
263
281
292

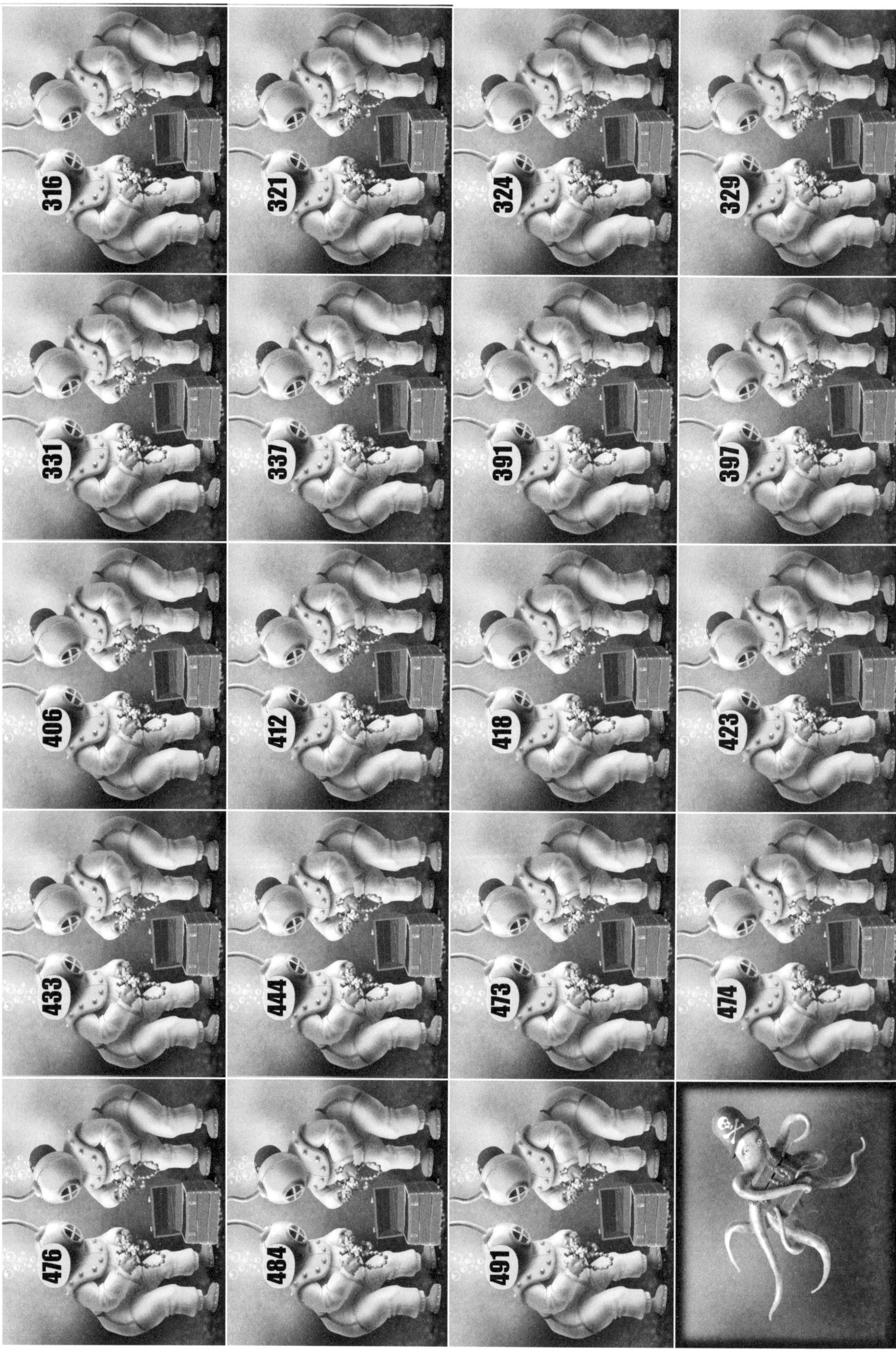
316
321
324
329
331
337
391
397
406
412
418
423
433
444
473
474
476
484
491